Se libérer du conformisme spirituel

michel **chiambretto**

Discovery Publisher

Le troisième pas, 2003, Chariot d'Or

2ᵉ édition, revue et augmentée
2021, Discovery Publisher

Auteur : Michel Chiambretto

616 Corporate Way
Valley Cottage, New York
www.discoverypublisher.com
editors@discoverypublisher.com
Fièrement pas sur Facebook ou Twitter

New York • Paris • Dublin • Tokyo • Hong Kong

Table des matières

PRÉAMBULE   5

L'HOMME COMMUN   9

1re ÉTAPE : LE QUESTIONNEMENT EXISTENTIEL   27

2e ÉTAPE : LE CHEMIN VERS L'ESSENTIEL   47

3e ÉTAPE : SE FONDRE DANS L'ABSOLU   59

LE TRAVAIL OPÉRATIF   75
   La Prière   78
   La Méditation   80
   Le Koan   86
   Le Mantra   87
   Le Son   89
   En conclusion de ce chapitre   90

LES ARTS   93
   LA POÉSIE   94
   LES ARTS CORPORELS INTERNES   100
   EN CONCLUSION DU PRÉSENT CHAPITRE   107

LA VIE QUOTIDIENNE COMME TRAVAIL OPÉRATIF   109

LA RAISON ET L'ESPRIT   123

CONCLUSION   137

BIBLIOGRAPHIE   143

   Bibliographie   143

   Bibliographie sur le Taoïsme   144

   Bibliographie sur Kabir   145

   Bibliographie sur Évangile de Thomas   145

Se libérer du conformisme spirituel

michel **chiambretto**

« Si la frange d'intuition qui entoure son intelligence s'élargit assez pour s'appliquer tout le long de son objet, c'est la vie mystique. La religion dynamique qui surgit ainsi s'oppose à la religion statique, issue de la fonction fabulatrice, comme la société ouverte à la société close ».[1]

—Henri Bergson

1. Henri Bergson, *Les deux sources de la Morale et de la Religion*, 1932, p. 285.

Mes remerciements à Claudine, Marie, Paul, Thomas, Didier, ainsi qu'à H.M., moine bouddhiste Chan, Maîtres W.X.J. & W.S.W., tradition interne chinoise, Prieur D.M., catholique romain, L.B.-M., Maître de Yoga , A.F., Maître occultiste, les F.: H.A., S.B., C.C., G.M., et la Xué Yuàn Kong Jin.

Avertissement important

L'auteur et l'éditeur ne sont en aucun cas responsables de tout dommage pouvant se produire à la suite de la pratique des instructions contenues dans ce livre. Les activités qui y sont décrites, physiques ou autres peuvent s'avérer trop fatigantes ou dangereuses pour certains individus, et le lecteur devrait ainsi consulter un docteur en médecine avant de s'y engager. L'auteur et l'éditeur ne préconisent pas, ni n'approuvent une automédication par des personnes profanes en la matière, pas plus qu'ils ne peuvent être tenus pour responsable des traitements donnés sur la base d'informations contenues dans ce livre.

PRÉAMBULE

Hier comme aujourd'hui il y a toujours eu deux types de spiritualité.[1] Celle offerte à tout un chacun, qui a une fonction sociétale en définissant par des dogmes les interdits et les tabous, tout en offrant des images merveilleuses et en promettant un mieux-être présent ou futur à la portée de ceux qui adhèrent à l'institution. Et une autre plus discrète, qui elle, en opposition à la précédente, a comme objet l'accomplissement de l'Homme et ne propose qu'un long travail sur soi pour accéder à un élargissement du champ de conscience vers le Divin, le Tout, le Un, le Tao, comme chacun voudra bien le traduire.

Évidence !, diriez-vous, comme la plupart des personnes que l'on questionnerait sur ce sujet. Mais contrairement à ce que vous pouvez penser, la différence entre ces deux orientations se cache souvent sous des manteaux bien trompeurs.

Bien sûr, cela ne vous concerne pas ; vous pensez être capable de discerner le vrai du faux, la direction spirituelle de celle sociale, et c'est peut-être vrai. Peut-être. Cependant, je vous propose de lire cet ouvrage jusqu'au bout, et cela même si vous vous sentez heurté devant certaines évocations, choqué par des démonstrations qui remettent en cause vos certitudes du moment.

Mais croyez-moi, ce que nous allons aborder n'est pas bâti sur des affirmations gratuites, mais bien sur une connaissance réelle de traditions authentiques pratiquées pendant des dizaines d'années, et ce, par des Cherchants de tout bord, adhérents de différents

1. Bergson, *Philosophe de la conscience*, scinde d'ailleurs le domaine religieux en deux pour cette raison : la religion statique et la religion dynamique. La religion statique étant celle qui a une fonction sociétale, en opposition à la religion dynamique qui a comme objet l'accomplissement de l'Homme. Henri Bergson. *Les deux sources de la morale et de la religion*, PUF, 2008.

courants, religieux et initiatiques, d'Occident comme d'Orient et d'Extrême-Orient. À ne pas confondre avec les transmissions diverses que l'on retrouve sous forme de méthodes offertes à un public choisi, ou proposées au plus grand nombre, mais bien à l'opposé, des pratiques discrètes qui ne valorisent pas l'individu, qui ne permettent pas d'échanger lors de *garden-party*, ni d'obtenir un titre, une image de rêve personnelle ou sociétale, soit un nouveau « masque[1] ».

Comme pour toute tradition issue de la Tradition primordiale[2], ce sont des initiations qui, débarrassées de tout miroir aux alouettes, permettent suite à un long travail sur soi, d'accéder non pas au défini, à une société vertueuse, au Bonheur avec un grand B, à une spiritualité prédéfinie, mais bien à une dimension que votre raison ne peut anticiper.

Alors pour vous aider à franchir le gué qui vous mènera à votre future quête, celle qui vous permettra de trouver un guide sincère, je vous propose dans un premier temps de faire disparaître une partie des illusions qui ne peuvent vous conduire qu'à délimiter votre analyse réflexive.

Cette analyse réflexive d'aujourd'hui, comme celle d'hier, qui ne peut être bâtie que sur le conditionnement reçu. Celui établi dès votre petite enfance à travers l'éducation religieuse, sociétale, scolaire et surtout, aujourd'hui, à celle plus sournoise, réalisée par les « Sachants[3] » des médias, spécialistes déclarés de toute voie spirituelle.

Que dites-vous ? Ce n'est pas votre cas, eh bien nous allons le vérifier dans les pages qui suivent et surtout, si vous êtes contrarié, prenez ce sentiment comme quelque chose de positif. Car comme le savez certainement, pour sortir d'un conditionnement il faut agir

---

1. Masque, ou Persona selon C. G. Jung, qui désigne la part de la personnalité qui organise le rapport de l'individu à la société.

2. Tradition primordiale : il s'agit dans le texte de celle transmise depuis la nuit des temps, universelle de par la nature essentielle de l'homme.

3. Sachant : « homme de savoir » qui est du domaine de l'intellect en opposition à la connaissance qui est du domaine de l'expérience.

sur l'émotif et la répétition ; donc plus le rejet sera insupportable, plus vous avancerez sur votre nouvelle Voie.

Cela ne pourra se faire qu'avec le temps, et grâce à la maille du nouveau crible que cet ouvrage laissera en vous, inconsciemment votre vision en sera modifiée. Votre esprit gardera en souvenir ce qui au départ aura pu vous apparaître comme aberration, divagation, et par le fait, progressivement, ces promesses offertes de spiritualités séduisantes, rassurantes, valorisantes, vous feront doucement sourire, mais peut être, pour certaines, aussi vous révolter.

En effet, comme vous, il y a des personnes en quête, qui souhaitent, qui veulent aller au-delà d'eux-mêmes, qui ressentent un besoin, une nécessité de se transcender, non pas pour obtenir un « plus », mais bien pour se dissoudre dans l'ineffable.

Plaît-il ? Ce dernier point vous heurte ? Ne soyez pas surpris, le chemin proposé vient d'être abordé.

Ainsi, commençons par nous plonger dans les étapes de toute évolution spirituelle, en ayant comme objectif de définir en premier lieu votre possible état de conscience.

L'HOMME COMMUN

Tout homme pense être le fruit de sa nature propre. Ce qui sous-entend que sa personnalité a pu se créer en fonction d'une propension naturelle et ainsi, tout naturellement, son individualité à nulle autre pareille a pu éclore.

Cependant, le développement qui va suivre pourra éventuellement contrarier cette assertion. Nous savons que toute remise en question de l'image que l'on a de soi est pour le moins difficile, voire impossible. Cela vient du fait que cette image de soi – *qui est associée à son Moi* – n'est souvent que le reflet des bases sociétales qui l'ont établie, et comme toute analyse introspective passe par la Raison[1], cette dernière, façonnée selon les mêmes bases, ne peut sortir du format imposé depuis l'enfance.

Alors, pour ouvrir une première brèche, commençons par préciser quelle est la modélisation que subit tout citoyen de tout pays.

Ce que l'on peut définir comme une « mise au format de l'homme commun ». L'homme commun est le produit :

— de ses parents, de sa famille, le produit de son éducation.

— des enseignants, des professeurs, le produit de sa formation.

— des prêtres, des pasteurs, des imams, des rabbins, des athées, le produit de la « religion ».

— des dirigeants, de la politique, de la législation, des intellectuels, des collègues, des médias, le produit de la société.

La plupart du temps il n'en est pas conscient, content et satisfait, il participe à son tour à la mise au format, qu'il pense indispensable, de ses enfants et de ses proches.

---

1. Raison : ensemble des facultés intellectuelles, celles de discerner le vrai du faux, le bien du mal, celles d'organiser ses relations avec le réel.

Absurde et ridicule?

Eh bien, observons la vie d'un homme lambda.

Exemple qui apparaît, avec quelques ajustements, universel hier comme aujourd'hui.

L'enfant naît.

À partir de ce moment, une logique implacable va se mettre en place.

Une logique qui va le«formater», le conditionner, en faire un rouage parfait d'un ensemble existant.

Il faut, il est nécessaire, qu'il puisse non seulement s'inscrire dans cet ensemble et donc correspondre à la définition de l'élément intégrable, mais aussi participer à l'effort collectif – *sachant que l'objectif commun est très rarement exprimé, car idéalisé dans l'expression politique.*

On pourrait croire, qu'à partir de ce principe d'intégration, l'homme pourrait dès lors comprendre qu'il n'est qu'un microcosme au sein du macrocosme de la société, ce qui était le socle idéologique dans les pays communistes, mais qui est antithétique à notre société contemporaine qui laisse croire en l'individualisme.

Mais cela ne changeait rien en fait, car tout endoctrinement politique ne peut que s'opposer à toute éclosion de l'individu, et en conséquence à toute évolution personnelle.

Abordons le détail de cette «implacable» logique.

Dès sa petite enfance, l'homme va se voir imposer le cliché référence de sa vie future. À savoir celui de l'Homme idéal, qui, bien sûr, correspond dans son ensemble à celui que ses proches avaient reçu eux-mêmes, avec comme leitmotiv:

— *« Tu dois devenir un adulte mon enfant!»*

En fonction de cet objectif prédéfini, sont cultivées en l'enfant les qualités requises pour être accepté par la communauté, à savoir:

— un homme est honnête, il doit respecter la propriété d'autrui.

— un homme ne doit pas faire de mal à autrui sauf si son pays le lui demande - *un paradoxe qui devrait faire poser des questions.*

— un homme doit aimer et respecter ses parents, sa famille, ses professeurs, ses dirigeants, ses... ; la hiérarchie sociale.

— un homme doit être instruit selon les critères du système éducatif du pays où il réside.

— un homme doit être travailleur et méritant.

— un homme doit respecter les préceptes religieux - *ou non, la doctrine politique ou philosophique devenant un ersatz à ladite religion.*

— un homme ne doit pas remettre en question les référentiels de la société dans laquelle il vit – *sauf substitut révolutionnaire, ou communautaire, dogmatique lui aussi.*

— un homme, etc.

Ces règles de vie et de pensée, initiées par les parents, seront reprises par l'enseignement public – *ou privé* – et éventuellement par l'enseignement religieux.

À l'école, au collège, au lycée, voire même à l'université, lui sont enseignés les mêmes principes, et en complément l'instruction qui lui permettra d'avoir une fonction dans le macrocosme de la société lui est donnée.

Pour mener à bien cet objectif, tous les principes d'un conditionnement axé sur la mémoire profonde ont été utilisés - comme pour tout lavage de cerveau -, soit :

— répétition inlassable des mêmes sujets ;

— dimension émotive ; familiale, sociétale, sexe opposé ;

— récompenses multiples, ou menaces et punitions diverses ; de plus le « mimétisme animal » est activé.

Ainsi, il pourra devenir, fourmi ouvrière, fourmi responsable, fourmi combattante, fourmi pensante, fourmi sachante, plus rarement fourmi dirigeante, et pour de rares exceptions fourmi Reine. Ces dernières, très souvent filles de Reines, seront nourries différemment du commun. Dès la plus tendre enfance, leur enseignement aura été différent, surtout avant l'envol nuptial, dans les grandes écoles qui leur donnera les ailes nécessaires.

Tout est fait et organisé pour que l'enfant, puis l'adolescent, axe l'ensemble de sa vie sur sa prochaine intégration au macrocosme de la société.

La question que pourrait se poser à un moment donné l'enfant est :

« Pourquoi ? Pourquoi passer la plus belle période de ma vie, toute ma jeunesse, la journée durant, à être dans cette formation collective destinée à me rendre utile et productif ? »

Mais il ne se la posera pas, la réponse lui ayant été donnée : il a le devoir de le faire et s'il ne le fait pas, il ne correspondra plus à l'image dont il pourrait être fier à ses yeux et aux yeux de ses proches.

La définition du bonheur inculquée ; celle qui provoque par la suite « la déprime du middle age », lorsque le concerné prend conscience de l'aberration de son mode de vie.

De plus le doute ne peut exister, tout ce qui est autour de lui confirme que c'est la seule voie possible pour obtenir ce que tout le monde souhaite, à savoir :

— être reconnu socialement.

— être aimé par ses proches,

— être désiré par le sexe opposé.

— être serein, ne pas avoir peur du lendemain, de l'inconnu.

Ce dernier point est omniprésent dans le contexte moderne où l'on craint pour son avenir, où l'homme vit dans une angoisse permanente pour cette raison – *sentiment qui permet sans doute de mieux maîtriser la société.*

Dès qu'il commence à travailler, son principal objectif est de cumuler assez de biens pour pouvoir vivre « sans besoin ». La préoccupation essentielle est de tout faire pour assumer son lendemain et sa vieillesse, quitte à se priver sa vie durant.

Là encore, le conditionnement est impressionnant.

L'homme s'abstient de vivre pleinement sa jeunesse, pour recevoir la formation nécessaire qui lui permettra de... De s'abstenir de vivre pleinement sa vie d'adulte pour cumuler les biens matériels nécessaires qui lui permettront de... D'éventuellement de vivre pleinement les quelques années restantes de sa vieillesse, s'il vit encore, si sa santé lui permet, s'il en a encore la force – *et s'il réussit à se déconditionner...*

Vision volontairement bien négative, mais peut-être pas tout à fait fausse.

La structure hiérarchique érigée ne fera que renforcer ce « système », tout étant basé sur le diplôme obtenu. Ce dernier permettra ou non à l'individu de prétendre à tel ou tel emploi, et par ce fait d'acquérir la plupart du temps le statut social correspondant. Ce statut social obtenu qui devient pour lui le reflet de son Être, du moins le croit-il.

> *On peut citer C. G. Jung à propos de l'image que l'individu a de lui : « La société attend et se doit d'attendre de chaque individu qu'il assume et joue de façon aussi parfaite que possible le rôle qui lui est imparti (...) qu'il soit en tous moments et en toute circonstance impeccablement dans la peau du personnage (...) », « (...) chacun se voit confronté inéluctablement avec la nécessité d'édifier une personnalité artificielle*[1] *».*

Cette « mise au format » devient universelle, à tel point qu'on la retrouve tout autant aujourd'hui dans des domaines dont le rôle initial était de produire un certain éveil de l'Esprit.

Il est possible de citer entre autres, les Arts initiatiques[2], les écoles dites d'Éveil[1], les spiritualités à la mode[1] et les formations philosophiques[1], où le positionnement des « Sachants », ainsi que la mise

---

1. C. G. Jung, R. Cahen, *Dialectique du Moi et de l'inconscient*, Folio essais, 2009, p. 154-155.

2. Nous entendons sous ces vocables les Traditions anciennes qui avaient comme objectif de « réveiller » l'Esprit du disciple grâce à l'utilisation d'outils initiatiques, par exemple : Alchimie, Yoga, méditation, pranayama, contemplation philosophique, zen, Yi king, taoïsme, bouddhisme tantrique, franc-maçonnerie, Voie – Do – des arts martiaux, etc.

en place des enseignants, des institutions, passent par le crible de l'intellectualisme, du dualisme, excluant ainsi le domaine expérientiel.

De fait, cette confusion de genre ne peut que renforcer le conditionnement initial et en conséquence l'opacité du voile qui recouvre la perception sensible de l'homme – *confusion de genre dont sont exclus les « Cherchants*[1] *» sincères.*

Confusion telle que l'on oublie que certains « sports », certaines « activités de bien-être » d'aujourd'hui, ont été des Traditions initiatiques lorsqu'ils étaient transmis différemment. C'est à dire, non pas avec comme objectif une amélioration de son état physique et mental, mais bien avec celui de développer son champ de conscience.

Et pour parachever la logique de l'ensemble, des gratifications de tout ordre sont prévues soit: honneurs, distinctions, titres, trophées, prix, et mises en évidence de tout type; soit le référentiel de la valorisation sociétale – *sans oublier l'aspect pécuniaire qui n'étonne plus personne dans ce monde de la mondialisation.*

Principe mis en application dès les premières années d'école, avec une mise en concurrence des enfants par le classement, assortie de récompenses et punitions diverses. Cela continue par la suite, la vie durant, avec tout un ensemble de repères plus ou moins valorisants qui jalonnent la gradation de l'appareil communautaire.

On peut citer en exemple, les associations «Club service» qui n'acceptent dans leurs rangs que les privilégiés de la société, créant par ce choix une nouvelle distinction d'une pseudoélite. Une hiérarchisation de ces clubs existe, et pour maintenir celle-ci, tout nouvel adepte est coopté en fonction de «sa valeur sociétale». Du fait, l'appartenance à telle ou telle association permet de définir le statut social de l'adhérent, d'où le port d'épinglettes valorisantes – *nous ne sommes pas si éloignés des castes hindouistes.*

Ce dernier exemple, que l'on retrouve sous d'autres aspects dans toute société, démontre ainsi que l'homme à tout âge reste sensible aux miroirs aux alouettes proposés! Preuve s'il en faut que l'évolu-

---

1. Cherchant: «homme en quête», chemin qui est du domaine de l'expérientiel.

tion spirituelle ne dépend ni de l'âge, ni du quotient intellectuel, ni de l'instruction, ni du niveau social.

On oublie souvent que l'homme le plus talentueux en QI peut être le plus grand « bêta » dans les domaines autres tels que la connaissance de soi - intelligence intrapersonnelle -, le « sensible ».

Ce qui est confirmé par E. Gardner, professeur en cognition, psychologie, et neurologie : « des « idiots savants » parviennent en des exploits en matière de calcul tout en restant tragiquement déficients dans la plupart des autres domaines »[1].

Cette addiction à la mise en valeur individuelle est tellement prégnante dans nos sociétés, qu'elle poursuit même l'individu jusqu'à sa tombe. En effet, les hommages de disparus où fleurissent médailles, titres, distinctions, et éloges diverses sont pléthores ; l'homme restant dans son illusion en toute circonstance. Ces « témoignages » sont, par évidence, plus basées sur les références existentielles des présents que sur l'accompagnement spirituel du défunt – *c'est peut-être pour cette raison que Léonard de Vinci choisit d'être accompagné par soixante mendiants lors de son enterrement.*

On pourrait penser alors qu'en toute logique, l'homme puisse avoir la possibilité de reprendre contact avec son « Être essentiel » dans son rapport avec la religion. Mais là encore, tout est définition, tout est conditionnement, du moins au premier niveau, celui de la « religion dite statique ».

Bergson, philosophe de la conscience, scinde le domaine religieux en deux : la religion statique et la religion dynamique. La religion statique étant celle qui a une fonction sociétale en définissant par des dogmes le savoir-vivre pour maintenir la cohésion de la société ; en opposition à la religion dynamique qui a comme objet l'accomplissement de l'Homme[2].

Cette même confusion a été soulignée par René Guénon qui précisait que l'Islam présentait le christianisme primitif comme une « Tari-

---

1. Howard Earl Gardner, *Les intelligences multiples*, Retz. 2016 p 42.

2. H. Bergson, *Les deux sources de la morale et de la religion*, Édition PUF, 2008.

quah » - voie initiatique - et non comme une « Shariyah » - législa-
tion sociale -, démontrant ainsi l'évolution d'un message initiatique
vers une voie morale compréhensible par tous, et par le fait destinée
au plus grand nombre[1].

   Évolution que l'on peut considérer comme générique aux domaines
religieux, ésotériques et initiatiques contemporains.

Dans notre société judéo-chrétienne, cela a commencé avec les
Tables de la loi. Dix règles à respecter scrupuleusement pour ne pas
risquer les foudres d'un Dieu punisseur.

   Les dix commandements du code mosaïque - qui comprenait 613
lois -, appelés le Décalogue, déka logoï - 10 paroles -, dont la source
viendrait soit des Égyptiens - 1000 ans avant le Décalogue -, soit des
Babyloniens - code Hammourabi, 200 ans avant.

   Il est à noter que Buddha lui-même, devant le nombre croissant de
postulants qui désiraient suivre son enseignement faisait prononcer
10 vœux pour les moines - 8 pour les laïques - qui pour les premiers
rappellent le Décalogue, à savoir :

   — ne pas tuer,

   — ne pas voler,

   — ne pas séduire la femme de son prochain.

Préceptes qui, malgré leurs apparentes évidences, semblent être in-
dispensables à l'homme sous toutes les latitudes.

Puis cela fut complété au cours du temps, par la mise en place
de ce qui est autorisé et de ce qui ne l'est pas sous la forme de
définitions dogmatiques du « Bien » et du « Mal ». Sachant de plus
que, tout comme le « père » dans la cellule familiale, le « Divin »
est omniprésent pour surveiller tout acte et toute pensée – *l'objectif*
d'hier comme celui d'aujourd'hui étant de maîtriser l'animal qui est en
chaque homme.

Et du fait, l'homme façonné par la société retrouve, là encore, les
contours de son « format ».

---

1. Jean Marc Vivenza, *Le dictionnaire de René Guénon*, Le Mercure Dau-
phinois, 2002.

Tout est contenu dans des boîtes. Vous ouvrez la boîte du « Bien » et vous y trouvez un ensemble de sujets prédéfinis. Et conséquence logique, dès que vous abordez un nouveau sujet, vous vous devez de le mettre dans cette boîte ou dans l'autre, celle du « Mal ». Si vous ne savez pas, vous l'analyserez en fonction des paramètres inculqués, ce qui vous permettra de trouver la bonne boîte. De plus, on vous aura appris qu'il n'est pas envisageable de la mettre dans les deux, voire dans une troisième.

Nous retrouvons là, une interprétation possible de la métaphore de la sortie du Paradis d'Adam et Ève, à savoir une image de la venue au monde de l'enfant. C'est-à-dire : l'enfant immaculé qui à sa naissance, progressivement, prend sa nature animale - humaine -, puis celle sexuée, sans oublier le fruit de l'arbre de la connaissance du bien et du mal - le binaire -, sa Raison.

On le voit, on est bien loin de la relation sensible qui devrait exister entre le sujet et l'« objet[1] ». Nous restons dans l'objet définition.

Cette éducation religieuse, tout comme celle laïque, est complétée par l'attrait de la récompense. Si vous faites le « Bien », vous êtes de fait un homme de qualité, le paradis vous est ouvert. Ce paradis où l'homme est heureux vit sans travailler, car tout lui est offert, où il n'y a pas de haine, d'agressivité, de maladie, de pauvreté, de malheur, de vieillesse, de mort ; soit l'opposé de la vie.

Par contre si vous faites le « Mal », l'enfer vous attend et vous souffrirez éternellement les tourments de la vie.

Il est évident que ce que nous venons de décrire est une approche limitée de la religion, mais nous en sommes qu'au premier niveau, celui « statique[2] ».

C'est cet aspect qui est souvent rejeté par certains athées, mais ces derniers sont tout autant dépendants du conditionnement sociétal reçu avec quelques variantes théosophiques et philosophiques.

Le conditionnement didactique est complet.

La formation du type scolastique a fait son œuvre dans le do-

1. Objet : tout ce qui, animé ou inanimé, affecte les sens.

2. Ibidem – terme emprunté à Bergson.

maine social et dans celui religieux qui sont en complètes synergies.

Et de fait:

— on a instillé au sujet tout un ensemble de principes de vie sociétale.

— on lui a appris à adopter «spontanément» des comportements prédéfinis en fonction des situations rencontrées.

— on lui a inculqué les fondements du raisonnement analytique et logique basés sur l'approche binaire de toute chose.

Le domaine de l'Esprit[1] disparaît tout autant dans les Arts réduits souvent à des méthodes limitées, abordées de manière intellectuelle comme les sciences. Sciences qui sont mises en exergue pour prouver la supériorité de l'homme sur l'animal – *ce qui est confirmé par les religions*. Sciences dites exactes parce que démontrées par l'analyse, la logique, l'analyse discursive.

Konrad Lorenz – biologiste et zoologiste – précise à ce sujet : « L'homme n'aime que trop à s'imaginer au centre de l'Univers, ne faisant pas partie du reste de la nature, mais s'opposant à elle comme un être d'essence différent et supérieur. Persévérer dans cette erreur est pour beaucoup d'humains un véritable besoin ».[2]

Et lorsque la dimension spirituelle est abordée, on précise que c'est un autre ordre qui échappe totalement à l'entendement de l'homme commun. Cela est vrai, à un tel point qu'il a fallu, à un moment donné, définir Jésus comme le fils de Dieu, donc Dieu lui-même – *par vote au concile de Nicée en 325* – et non comme un Guide,

---

1. Esprit, spiritus (E majuscule dans le texte): «la substance corporelle / incorporelle» qui relie l'homme à Dieu, au Tao, à l'univers, selon chacun – à ne pas confondre avec l'Âme. — à ne pas confondre avec – esprit – avec e minuscule: utilisé communément pour englober les principes de la vie psychique, les facultés intellectuelles et affectives, quelquefois manière d'être.
Âme: principe transcendant de l'homme, mais aussi «conscience pure individualisée», «perception sensible» (et non individuation, personnalité, persona); elle peut être le lien de conscience, «la substance corporelle», qui conduit à celle «incorporelle» soit «Âme / Esprit».

2. K. Lorenz L'Agression, *Une histoire naturelle du mal*, Édition Flammarion, 1969, p.213.

comme un homme accompli, ou comme... – *et en conséquence, sans ouvrir l'esprit de l'homme au non définissable.*

D'ailleurs dans cette définition «du croire», il a été nécessaire d'apporter une dimension miraculeuse aux métaphores héritées, et ce, malgré la qualité des messages transmis par celles-ci – *lorsque la traduction volontaire ou involontaire n'est pas trop erronée.*

L'utilisation d'allégories, de métaphores est d'une grande utilité pour toute transmission. En effet, le mot a ses limites avec des définitions qui varient avec le temps, sans citer le fait que « traduire c'est trahir ». Le sens d'une métaphore échappe à ces pièges du temps.

Tout ce qui est inexplicable scientifiquement tient du miracle. Et le miracle ne dépend pas de l'homme, seul le Divin peut l'engendrer.

Le miracle est donc devenu indispensable à la croyance populaire – *base même de cette doctrine : il n'est pas envisageable pour un « croyant » de penser que la résurrection du Christ ne se soit pas produite, car sans ce prodige, le message transmis perdrait toute force.*

Sauf pour l'« hérésie » cathare qui pensait que tout était symbole.

Par exemple : la résurrection est la renaissance dans l'Esprit divin, la multiplication des pains correspond à la « nourriture spirituelle » donnée au nombre grandissant de disciples, l'aveugle celui qui ne perçoit pas la valeur de Dieu – exemple pouvant le confirmer « ils ont des yeux et pourtant ils ne voient pas » Jérémie 5.21, etc.

Cette notion du miracle, très proche de la superstition, fait elle aussi partie du conditionnement reçu – *« hochets » attractifs pour le profane.*

La différence d'avec l'Élan intérieur est sur ce point.

L'Élan intérieur se passe de preuves, de performances, de miracles. Il est.

Il fait partie de l'Esprit.

Ce qui ne veut pas dire, bien évidemment, que le « miracle », le « non explicable » rationnellement n'existe pas.

Alors, en fonction de cette éducation, de cette «mise au format» que devient l'homme?

Tout d'abord, il paraît évident qu'il ne peut qu'être coupé de sa nature profonde, de son «Être essentiel», que certains initiés appellent l'«Autre».

Cet «Autre» est remplacé par un amalgame de composants familiaux, sociaux et religieux.

Et ce «masque» qui recouvre sa véritable nature, fait tellement partie intégrante de l'individu, que ce dernier n'arrive plus à s'en dissocier. Il pense que son Être est le masque; belle illusion!

> *Pour reprendre C.G Jung:* «*...une espèce de masque que l'individu revêt ou dans lequel il se glisse, ou qui même à son insu, le saisit et s'empare de lui, et qui est calculé, agencé, fabriqué de telle sorte parce qu'il vise d'une part à créer une certaine impression sur les autres, et d'autre part à cacher, dissimuler, camoufler, la nature vraie de l'individu*»[1].

Je suis: nom prénom, issu de telle famille, ayant reçu telle éducation, avec telle situation familiale, titulaire de tel diplôme, ayant telle profession, nanti de tels biens – *l'ensemble me situant sur l'échelle sociale* – ayant reçu telle éducation religieuse et l'ayant rejetée ou non.

En fonction de ces critères, le sujet a façonné sans en prendre conscience son masque sociétal et surtout l'image factice qu'il a de lui; sachant que les autres l'ont aidé à la parfaire, car de par la même analyse conditionnée, leur regard, leur attitude le confirment.

Sur le plan sensible, une partie de sa véritable nature a été sauvegardée, celle qui concerne l'amour de ses proches et, pour de rares exceptions, l'empathie pour toute souffrance d'autrui.

Elle est liée à l'Esprit, mais c'est cette même partie qui est souvent l'objet du déséquilibre mental du sujet; que l'on soigne d'ailleurs en ramenant au format souhaitable les déviances constatées - *le rôle des psy.*

L'homme ordinaire est terminé.

---

1. C. G. Jung, *Dialectique du moi et de l'inconscient*, Folio essais, 2009, p153.

Ce qui n'est pas sans rappeler Arthur Rimbaud qui, parlant de lui en 1871, écrit dans sa lettre à George Izambard : « Je est un autre ».

Et comme pour la plupart des hommes, pas de question fondamentale ou très peu. Et en effet, en toute logique : « *De toute façon, cela servirait à quoi ?* », « *Pourquoi faire ?* », « *Dans quel but ?* ». La vie est celle du matériel. Elle est suffisamment complexe et il y a suffisamment de problèmes à résoudre. Ce qui d'ailleurs est sans doute vrai, la recherche spirituelle pouvant être considérée comme un luxe.

Ce luxe est-il seulement pour ceux qui n'ont pas de chemise ou pour ceux qui sont suffisamment nantis ? Les deux extrêmes se rejoignent-ils ?

Luxe que se permettent les moines en se retirant dans leurs monastères, coupés du monde, oubliant de ce fait les contraintes matérielles de la vie quotidienne et surtout, ainsi, échappant au mimétisme ambiant.

Sa vie se passera sans le souhait de reprendre contact avec son Esprit qui, bloqué et rejeté, ne pourra s'exprimer que partiellement, et en de rares exceptions. Ce que l'on nommera intuitions, dons, prémonitions, visions, perceptions suprasensorielles, sixième sens. Sa spiritualité aura comme objet le respect de ce qui lui aura été inculqué dès son enfance, et ce, d'une manière consciente ou inconsciente.

D'autres, dans le désir de s'éveiller à de nouvelles spiritualités plus performantes, se convertiront une fois adultes aux traditions orientales[1] ou extrêmes orientales[1]. Mais en fait, rien ne différera, l'expression spirituelle se fera à travers des rites réguliers dont la fonction transcendantale a été depuis toujours cachée, sinon oubliée ; l'intérêt de performances temporelles non conscientes guidant la plupart du temps cette démarche de changement.

---

1. Aucune critique concernant ces traditions qui ont, elles aussi, leur face cachée « dynamique ».

Et, conséquence logique, d'une manière commune, il y aura confusion entre l'approche désintéressée de la Foi[1] et la superstition à objectif d'acquis ; d'où la confusion existante entre religion et croyance.

Il est toujours utile de rappeler que Religion étymologiquement peut signifier : Relegere « relire les textes », mais aussi, et surtout Religare (se) « relier » et Religio « attention scrupuleuse ; conscience ».

De cet ensemble naîtront des actes à motifs indéterminés :

— baptême de l'enfant principalement pour respecter la tradition - *oubliant que celui-ci a comme objectif théorique d'introduire le bébé dans la communauté chrétienne en le purifiant du péché originel.*

— mariage « religieux » « parce que cela se fait ainsi » – *et aussi et surtout parce que le souvenir des contes de princes et princesses se mariant est au niveau de la mémoire longue.*

— enterrements en respect de la forme coutumière – *et pour honoré le défunt.*

— prières, dévotions, recueillement, pèlerinages à objectif personnel de mieux-être – *et non pour « se fondre dans le Divin ».*

Pour la plupart des hommes, le conditionnement reçu restera ainsi opérant pendant la vie entière.

Volontairement, nous avons omis de décrire :

— la dérive idolâtre des hommes envers leurs homologues. Idolâtrie, cultivée initialement par l'éducation religieuse et qui ressort envers les puissants, les nantis, les médiatisés, les leaders, les Élus.

— le paradoxe entre la qualité des idées transmises par quelques-uns et la médiocrité des actes réalisés par tout un chacun.

— l'intolérance, le racisme, la xénophobie, le chauvinisme, le sectarisme ambiant,

— l'exploitation des plus faibles,

---

1. Par Foi, l'auteur entend « appel intérieur vers un absolu ineffable hors de toute définition ».

— l'égocentrisme naturel,

— la cruauté envers les autres espèces,

— et bien d'autres choses…

Il y aurait trop à dire, beaucoup trop.

Le portrait est terminé.

Nous le savons, celui-ci est caricatural et donc excessif – *quoique…*

En lisant le logion 29 de l'évangile de Thomas[1], on peut supposer que l'avis de Jésus sur la nature de l'homme n'est pas des plus optimistes, nous citons :

« Jésus disait : si la chair est venue à l'existence à cause de l'esprit, c'est une merveille,

Mais si l'esprit est venu à l'existence à cause du corps, c'est une merveille de merveille.

Mais moi, je m'étonne de ceci :

Comment cette grande richesse a-t-elle habité dans cette pauvreté ? »

Il est vrai que dans le logion précédant, Jésus précise :

« Je me suis tenu debout au milieu du monde, et je me suis manifesté à eux dans la chair ; je les ai trouvés tous ivres ; je n'en ai trouvé aucun qui eût soif. Et mon âme s'est affligée pour les fils des hommes… »

Kabîr le poète hindou islamique fait écho au propos de Jésus dans son constat sur la condition humaine, quinze siècles plus tard :

« Ils sont tous ivres et nul n'est éveillé ! »[2]

Bien sûr, il ne peut qu'être manifeste que tout cet ensemble décrit permet aux hommes de cohabiter le mieux possible.

Cette « mise au format » a transformé « l'animal sauvage intestin » en « animal apprivoisé ». Apprivoisé par le conditionnement, do-

---

1. Citations de l'évangile de Thomas extraites de plusieurs sources : se reporter à la bibliographie.

2. Citations de Kabir sont extraites des différents ouvrages traitant de Kabir : se reporter à la bibliographie.

mestiqué grâce aux menaces religieuses et à celles de la législation. Ce qui ne peut qu'être indispensable, car comme chez tout animal dressé, l'aspect féroce de l'homme peut ressurgir à tout instant lorsque la menace du bâton s'évanouit.

Le résultat est que cet animal « humanisé » a perdu, avec le temps, tout contact avec « l'Autre », son Être essentiel.

Ce qui pour la majorité des hommes ne présente aucun problème, car, comme décrit, la nature même de cette présence n'est pas connue – *du moins au niveau de leur Raison.* Cependant, pour quelques cas particuliers, la perception intuitive refoulée de cette perte est la cause d'un profond mal-être.

Mal-être semblable à des braises qui ne demandent qu'à être attisées...

1re ÉTAPE
LE QUESTIONNEMENT
EXISTENTIEL

La première étape de toute évolution spirituelle se traduit, non pas par l'approche d'un état de sérénité, de bien être, si cher aux « marchands de Bonheur », mais bien par la perception d'un « mal-être » ressenti au plus profond de soi. Mal-être qui conduit l'individu à entamer sa première quête.

Cela peut être une des interprétations du Logion 16 Th :

« Ils ne savent pas que je suis venu jeter division sur terre : feu, épée et guerre »

Tout comme Matthieu : X,34

« N'allez pas croire que je suis venu apporter la paix, mais le glaive ». Soit pour les deux citations le combat intestin.

Démarche qui pour la plupart des hommes est surprenante, voire aberrante ; ils n'en comprennent ni le sens ni l'intérêt. À leurs yeux ce type de comportement ne peut se justifier, car pour eux, comme il n'y a rien à trouver, il n'y a donc rien à chercher. Pour d'autres, c'est inutile, car tout a déjà été dit et écrit.

Cet état de passivité est certainement le fruit d'avoir reçu, depuis l'enfance, des réponses précises à des questions que l'on ne s'est pas posées ; ce qui produit, sans doute, l'abrogation de toute interrogation future.

Alors, pour ne pas sombrer dans cette platitude comportementale, il paraît utile de se poser la question suivante :

— « Quelles sont les raisons qui peuvent conduire certaines personnes à sortir de leur « zone de confort mental » ? » – « *zone de* confort mental», parce qu'en fonction tout est déjà bordé, tant sur le plan social que sur celui religieux, voire dans le domaine philosophique.

Bien sûr, les réponses peuvent varier, mais pour le plus grand nombre de ces exceptions une «dissonance sensible» semble se manifester entre l'enseignement reçu et leur propre champ de conscience – *question de nature profonde*. Et conséquence de ce «décallage», un certain «réveil intérieur» apparaît qui se traduit par une quête de vérité – *cheminement qui semble évident avec le recul, mais qui en amont est subit comme un « mal-être profond ».*

Dans certains autres cas, l'origine de ce « réveil » peut avoir une origine extérieure, comme :

    — un choc psychique traumatique qui provoque une «ouverture» spirituelle,

    — une rencontre particulièrement enrichissante qui induit une démarche nouvelle,

    — le travail réalisé dans une école initiatique de qualité.

    — et quelquefois l'origine est « naturelle », l'inné. Les moines dans leurs monastères, les anachorètes, en sont d'évidents exemples.

C'est alors qu'apparaissent en eux, en tout premier lieu, les fameuses questions existentielles :

    — «Qui suis-je vraiment?» Soit: quelle est ma nature essentielle ?

    — «D'où est-ce que je viens?» Soit: quelle est l'origine de ma nature essentielle ?

    — «Où vais-je?» Soit: quelle est la signification de ma vie?

Précisons que cette appétence est ressentie au plus profond de soi et qu'elle n'est pas à confondre avec la volonté du «masque» – *à savoir, une recherche de valorisation, d'acquis ou de pouvoir* – prétention qui correspond aux dérives de l'homme commun vers des impasses.

Ces questions induiront chez les «Cherchants apprentis» la démarche la plus accessible aujourd'hui, soit de se rapprocher des références philosophico-religieuses reconnues par le grand public.

Les sujets se tourneront alors vers les essais, conférences, séminaires traitant des philosophes antiques ou modernes, et d'autres, concernant des « courants religieux » authentiques ou ceux proposant un réveil spirituel à la portée de tous.

Puis en toute logique, pour comprendre leur intériorité, ces Cherchants apprentis exploreront la psychanalyse et la psychologie.

Par évidence, pour l'ensemble, la méthode d'approche sera alors celle reçue initialement, c'est à dire, celle discursive, d'analyse et de synthèse par la logique. On pourrait craindre que, de nouveau, cela ne fasse que renforcer « l'épaisseur du manteau[1] » qui recouvre l'esprit de ces « Cherchants ». Ce qui est vrai en partie, mais l'étendue du champ de prospection est telle, que la rationalisation devient avec le temps impossible.

Cette impossibilité vient du fait, en premier lieu, que les certitudes initiales qu'avait l'homme commun tombent. L'homme paraît plus complexe, et cette complexité prend de multiples formes selon les sources prises.

Les textes religieux présentent celui-ci sous plusieurs facettes, plus ou moins imagées, avec des degrés de compréhension multiples – *soit au premier degré l'aspect matériel, social, simple et basique, mais aussi une autre approche possible au deuxième degré, par l'analyse des paraboles aux multiples interprétations.*

La relation entre l'homme et son environnement, l'homme et l'Univers, l'homme et le Divin, est présentée comme plus complexe que la notion d'asservissement initialement inculquée.

Les philosophes antiques font entrer des principes, des paramètres bien plus subtils que les lois rigides de la société - *ou de la religion dogmatique.*

La psychanalyse démontre les différentes manifestations du psychisme et de leurs mécanismes, ce qui contrarie l'assurance du

---

1. Le manteau est le conditionnement qui recouvre l'Être essentiel, soit l'Autre qui est en soi.

masque comportemental et existentiel. La philosophie moderne introduit la complexité du comportement social ambiant, et peut faire appréhender une partie du conditionnement reçu.

Et plus l'investigation avance, plus tombent les certitudes que le «Cherchant» pouvait avoir.

Cependant, sur le chemin de cette quête qui débute, il y a un grave écueil à éviter – *dans le cas contraire, le «Cherchant apprenti» retombera dans les Fourches caudines initiales, tout en étant persuadé d'avancer dans sa quête.*

Ce premier écueil est celui qui fait le plus de «victimes».

Il consiste à restreindre sa recherche à un seul groupuscule, pensant que celui-ci représente «La Vérité». Vérité faite, là aussi, de définitions limitées qui seront vite sclérosantes.

Il est vrai qu'il est toujours séduisant de découvrir «une nouvelle tradition à la mode» – *même si celle-ci ne présente que sa face «statique».* Cela est dépaysant, quelquefois valorisant de par la différenciation offerte, et offre la possibilité de s'évader peu ou prou de sa «routine» sociétale, voire pour partie de son format initial. Toutefois, cet «état de séduction», voire de «fascination», est à proscrire. Il est plutôt nécessaire de se bousculer, d'aller chercher ce qui est situé «derrière la façade offerte au plus grand nombre».

Il est important de savoir que les enseignements essentiels sont toujours voilés, non seulement au profane, mais tout autant à l'initié du «premier degré» – *et cela dans toutes les traditions authentiques.* Les détenteurs de la «Tradition primordiale[1]», ces «Maîtres de l'ombre» ne s'affichent pas à la une des médias, ne font pas de conférences grand public – *ce qui pour les «Connaissants» ne pourrait qu'être à l'opposé des messages transmis.* Ils ont conservé pour la transmission orale, celle de «cœur à cœur[2]», certains points fonda-

---

1. Rappel : tradition primordiale – il s'agit pour l'Auteur de celle transmise depuis la nuit des temps, universelle de par la nature essentielle de l'homme.

2. La transmission de «cœur à cœur» est celle entre un Maître et un disciple qui va au-delà de la parole et du geste, qui fait appel au supra sensoriel, à «l'intention du Cœur» – une des traduction de Logos.

mentaux indispensables à la bonne compréhension de l'utilisation des outils fournis.

Ce principe choque très souvent les profanes. Ce que l'on peut traduire par :

— « Pourquoi ne pas offrir à tous, « gratuitement », la possibilité d'avoir accès à l'ensemble de l'enseignement ? »

Et de fait :

— « N'est-ce pas la conséquence d'une volonté sectaire de ces Maîtres ? »

La réponse est complexe.

Mais il est possible de dire que seul ce type de transmission, de « cœur à cœur », permet de conserver la qualité opérante des outils de la Tradition – *et surtout d'amorcer le réveil de la dimension sensible, suprasensorielle, de l'initié.*

Par surcroît, deux autres raisons justifient au même titre ce principe :

— l'évolution du champ de conscience permet au Cherchant à un « certain niveau » de posséder des « possibilités d'influences supra sensorielles » qui doivent rester entre les mains d'hommes de qualité pour éviter toute dérive peu souhaitable.

— d'autre part, par évidence, sans ce principe très rapidement les outils reçus ne deviendraient que des produits mis sur le marché, promettant des effets miraculeux et perdraient ainsi toute vertu – *aspect financier pour le moins courant de nos jours.*

Ces Maîtres de l'ombre sont des filtres chargés du choix des personnes à initier – *ce qui est vrai dans toutes les traditions initiatiques « de qualité ».*

Jésus, qui était la compassion même, précisait dans ses « paroles cachées » que :

« C'est à ceux qui sont dignes de mes mystères que je dis mes mystères...Que ta main gauche ignore Ce que fait ta main droite. » Th 62

« Ne donnez pas aux chiens ce qui est sacré, de peur qu'ils ne le jettent au panier. » Th 93

Le christianisme initiatique reste très opaque, aujourd'hui encore, pour l'homme commun. Mais il est vrai aussi que la modélisation des textes canoniques n'a fait que renforcer le phénomène.

Cette notion de secret reste très présente en Extrême-Orient dans le bouddhisme tantrique, le Chan, dans le taoïsme, et dans tous les arts dits internes – en excluant les « produits » qui sont offerts au grand public bien évidemment.

« Les anciens qui savaient pratiquer le Tao N'allaient pas éclairer le peuple ; Mais ils voulaient le laisser dans l'ignorance. » Tao te king LXV.

Il est donc nécessaire, pour éviter cet écueil qui consiste à restreindre sa recherche à un seul groupuscule, de s'ouvrir vers tous les horizons spirituels avec prudence et discernement.

Du moins au commencement, car avec le temps, si la quête est « juste », la différence entre le développement intellectuel de sujets spirituels et l'approche sensible conséquence d'une dimension expérientielle devient évidente.

D'un côté, on peut trouver toutes les références du sujet traité, utiles à la séduction du profane. C'est-à-dire le sujet présenté avec les stéréotypes attendus par l'« œil formaté » du profane, sans oublier les promesses de résultats permettant de rêver sur son devenir.

Et de l'autre, une sensibilité développée, au travers de laquelle on perçoit l'expérience vécue.

Mais, pour cela, il est bon de toujours se rappeler ce que disait Lao Tseu :

« Les paroles vraies ne sont pas agréables,

Les paroles agréables ne sont pas vraies. » Tao te king, LXXXI

De par cette ouverture d'esprit, le Cherchant s'apercevra que le même sujet peut recevoir des interprétations multiformes et qu'il est aberrant de vouloir le classer dans une seule boîte. Toute « définition » deviendra de ce fait multiple, et cette multiplicité rejoignant l'infini, la première notion d'unicité lui apparaîtra.

Première déstabilisation qui fera naître en lui une volonté d'approfondir sa quête qui, à ce stade sera, le plus souvent, motivée par le souhait d'un accomplissement égocentrique – *ce qui deviendra pour le moins peu souhaitable par la suite.*

Alors, il lira des ouvrages de traditions diverses et se rapprochera d'hommes en quête eux aussi. Il apprendra enfin à écouter les autres avec attention, sans a priori, et pourra ainsi s'apercevoir que ses préjugés étaient souvent l'expression de ses propres limites. Cependant, conséquence inévitable, l'ordre chaotique qu'il percevra lui fera perdre ses anciens repères, et cela sera inconfortable.

C'est sur ce dernier point qu'il est souhaitable d'insister.

Si le sujet entre dans un groupuscule quelconque, même de qualité, il trouvera au début tout un ensemble d'éléments qui seront utiles à sa progression : méthode, outils, synergie avec les autres.

Mais avec le temps, comme dans tout microsystème, le confort viendra, et avec lui le manque de ressort mental nécessaire à toute quête. Et en conséquence, apparaîtra le risque d'un nouveau conditionnement.

En effet, certains groupuscules, certaines institutions, possèdent tout un ensemble de «miroirs aux alouettes» bien utiles pour attirer le profane. Mais ces leurres, avec le temps, peuvent devenir des pièges dont peu arrivent à se détacher.

On peut citer les tenues de toutes sortes, la dialectique propre à chaque institution, l'attitude liée au mimétisme ambiant, l'autovalorisation récitée en boucle, qui viennent progressivement recouvrir d'un nouveau manteau le nouvel initié – *et que conservent beaucoup d'anciens.* Sans oublier les règlements, créés pour obtenir une certaine harmonie entre les membres, qui deviennent des *références immuables* pour un grand nombre, structurant de fait leur esprit.

Ce qui correspond à la plupart des institutions initiatiques, ou religieuses, d'Occident comme d'Orient ou d'Extrême-Orient, du moins si l'on prend le soin d'avoir une vision « détachée ».

Mais restons positifs, cela peut être un passage très utile et très enrichissant si l'on sait s'extraire des pièges du système ambiant. Ce qui, pour être sincère, est pour le moins rare au bout d'un certain temps, il faut bien le dire.

Cette recommandation de ne pas restreindre sa recherche à une seule institution n'est pas le seul piège à éviter lors de cette étape.

En effet, les traquenards sont tellement nombreux qu'il est difficile d'être exhaustif. Mais ce qui les caractérise le plus est leur aspect pervers. Perversité due au fait qu'ils font appel aux réactions préconditionnées de notre « format », et en fonction, ne peuvent qu'être d'une efficacité redoutable. Ainsi, le piégé se laisse prendre sans s'en apercevoir, et poursuit en réalité une quête qui ne devient qu'illusion. D'où leurs noms « Pièges d'illusion ».

Ceux-ci sont souvent présentés sous l'appellation « Outils d'Éveil » ou sous la forme de « spiritualités *performantes* ». Ces promesses alléchantes ne peuvent qu'attirer le chaland parce qu'elles s'appuient sur le souhait de tout homme commun, qui est celui d'obtenir un « état » supérieur au sien, soit de réussir à se distinguer des autres, du vulgum pecus. Mais en fait, très souvent, ces « pièges d'illusion » ne font que transformer le masque initial en lui donnant un nouvel aspect, augmentant par le fait l'opacité de l'Être Essentiel.

> *Pour le Cherchant avisé, il est toujours surprenant de constater l'impact que peut produire l'uniforme sur l'homme commun. Impact bien utile pour les forces de l'ordre, tout comme pour les religions - dimension statique. Citons en exemple les membres des structures religieuses qui doivent être revêtus d'une tenue qui formalise leur rang au seing de celle-ci. Tout comme les intervenants bouddhistes qui se présentent sur les médias avec un crâne rasé, la robe et le sourire utile. Sans oublier certains Occidentaux, « spécialistes » du taoïsme, qui se parent de tenues de la Chine ancienne pour apparaître à la une de certaines publications. Etc.*
>
> *Soulignons que dans les monastères, à l'inverse, la tenue de moine a comme objectif de fondre l'individu dans l'ensemble de ses frères - tout comme la tonsure est symbole de renoncement aux biens de ce monde.*

On ne peut lister ces « pièges d'illusion », sans citer une des erreurs parmi les plus fréquentes. Erreur qui est de confondre « quête pour aller à la rencontre de son Être essentiel », « pour réveiller l'Autre qui est en soi », avec « le fait de se cultiver ».

Culture intéressante au demeurant, mais qui, avec le temps, ne pourra qu'aboutir à une mise en valeur intestine et ne fera que renforcer l'Ego du Cherchant en herbe. C'est certainement le piège le plus commun et le plus insidieux, car comme précisé, la plupart du temps ce sont des « Sachants[1] » qui sont à l'origine de la plupart des ouvrages de référence. Sans oublier que ce sont souvent ces mêmes « Sachants » qui enseignent et obtiennent des postes, des titres, dans les différents courants spirituels ou initiatiques contemporains, devenant ainsi des repères incontournables.

Le Chan sait donner des exemples permettant de comprendre la différence entre connaître et savoir ; par exemple par ce type de question : « Comment expliquer la douleur à quelqu'un qui ne l'a jamais ressentie ? ».

La différence est celle existant entre le « savoir » qui est au niveau de l'intellect et la « connaissance » qui est du domaine expérientiel donc au niveau du sensible.

A. David-Neel l'avait appelée : « la connaissance transcendante ».

Serait-ce une volonté de la part des « Connaissants[1] » de mettre en évidence des « miroirs aux alouettes » pour les profanes ?

Ces derniers ne paraissent d'ailleurs pas surpris de voir une totale contradiction entre le précepte commun à toutes les Traditions authentiques qui est l'humilité, et à l'opposé, la mise en évidence égotique de la plupart des « références » de la spiritualité.

Qui n'a pas vu tel ouvrage avec l'« Éveillé » – *ou bien « le sage, le philosophe, l'élu, le représentant spirituel, le « religieux », etc. »* – lui-même en première de couverture, sourire de circonstance aux lèvres, béatitude affichée, sans oublier les titres valorisants et les références élogieuses. Ce qui est pour le moins fréquent…

---

1. Rappel : sur la différenciation entre « Sachant » et « Connaissant » : le savoir est de l'ordre de l'intellect, la connaissance de l'ordre de l'expérience.

À ne pas confondre avec certains religieux, certains « Sages », qui oeuvrent pour les autres en faisant abstraction d'eux-mêmes, et cela même dans la souffrance physique et mentale.

En effet, l'homme commun a besoin de l'aspect, de la magnificence, du savoir, des repères sociétaux, pour admettre la «*supériorité*» de l'autre. Notions de «*supériorité*» inculquées lors de son conditionnement initial et qui, par conséquent, sont les bases mêmes du jugement émis – *sachant que tout accomplissement doit passer par une évolution des « valeurs ».*

En fonction, il est nécessaire de se répéter sans cesse que l'approche culturelle pure ne touche que la Raison, et que pour toucher l'Esprit, il faut savoir oublier la théorie pour que l'expérience puisse permettre à l'«Autre» de s'exprimer – *et ce grâce aux outils de la Tradition transmis* - *toutes les Traditions authentiques insistent sur ce point.*

La théorie livresque, la culture acquise, les «savoirs» multiples, utiles dans certains cas pour trouver un chemin à suivre, ne doivent pas devenir par la suite une charge.

Tchouang Tseu[1] évoque ce principe dans ce souhait :

> *« Où trouver un homme qui a oublié les mots ? C'est avec lui que j'aimerais m'entretenir ».*

Lao Tseu l'affirme :

> *« Celui qui sait n'a pas un grand savoir, Un grand savoir ne connaît rien »*

Ou :

> *« Celui qui sait n'est pas un érudit, Un érudit n'est pas celui qui sait »*

Kabîr le confirme dans ses vers :

> *« Ô érudit, tu penses tout connaître par les livres, Comme un aveugle qui veut décrire un éléphant ! »*

---

1. *Citation : philosophes taoïstes,* Gallimard, 1980.

Tout comme Tauler, le disciple de Maître Eckhart[1] :

« *N'interroge pas sur les hautes spéculations, Mais rentre dans ton propre fond* »

Pour continuer cette liste des pièges insidieux, abordons un des plus subtils ; il concerne la confusion pouvant exister entre l'appartenance à une Tradition et la « fusion » à réaliser avec les Outils de ladite Tradition.

Ces Outils demandent, il faut le savoir, un savoir-faire particulier pour devenir opératifs. Cette connaissance n'est transmise qu'à de rares initiés choisis avec soin, du moins théoriquement. Malheureusement, malgré cette rigoureuse sélection, ces Outils peuvent avoir une action à l'opposé de leur destination première. Ce qui peut paraître pour le moins surprenant, mais n'est en fait pas si rare. C'est pourquoi il est essentiel d'aborder dans le détail ce chemin de traverse.

Précisons tout d'abord que la théorie de l'Outil reçu ne doit pas devenir l'élément qui accapare toute l'attention du Cherchant. Dans ce cas, « l'usage » de l'Outil deviendra plus important que l'« intention directrice » - *pour éviter de dire « l'objectif »* -, l'Outil supplantant alors l'Œuvre. Cette confusion entre l'Outil et l'Œuvre est fréquente, sachant qu'on la retrouve dans toutes les voies initiatiques, qu'elles soient religieuses, symboliques ou artistiques.

Pour parcourir ce chemin de traverse, abordons pour ce faire deux courants « philosophico-religieux[2] » : le bouddhisme tantrique et l'hindouisme.

Si la chance, le hasard, le karma, le destin, ou ce que l'on souhaite, est clément, le profane après moult recherches, pourra rencontrer un authentique « Homme qui est sur le chemin de l'Éveil ».

---

1. Jean Tauler, *Sermons*, Édition Cerf, 22 août 2013.

2. « Le bouddhisme, le taoïsme, sont-ils des religions ? » La réponse peut être « oui et non ». Non si l'on considère que le mot « religion » se traduit par « relegere » signifiant « relire ». Oui si l'on traduit le même mot par « religare » signifiant « relier » dans le sens « se relier à ». Toujours ces deux aspects : statique et dynamique.

À ce propos, une évidence : il n'est pas souhaitable de penser que le titre est la qualité. Un lama peut être le plus fieffé des imposteurs, tout comme un prêtre, un pasteur ou un Imam d'ailleurs.

En fonction, ce profane « heureux » pourra suivre le chemin indiqué par ce Guide – *mais avec prudence et circonspection dans un premier temps ; en effet, le sujet a-t-il la qualité, l'accomplissement pour reconnaître un bon guide ?*

Pour les autres, moins « chanceux », soit le plus grand nombre, ils devront aborder l'étude de ces « courants de pensée à la mode », soit au moyen de la lecture d'ouvrages spécialisés, soit grâce aux conférences et séminaires d'étude offerts – *ou presque…*

En fonction, chacun de ces moins chanceux :

— devra apprendre l'histoire complexe du ou des courant(s) concerné(s), celle idéalisée bien sûr,

— sera tenu d'aborder l'étude exhaustive des Divinités, des symboles, des entités, avec les principes théoriques qui les caractérisent et la logique qui les sous-tend,

— et aura besoin de connaître les textes de références et leurs commentaires, base de la doctrine, les rites, les noms à retenir et beaucoup d'autres éléments...

— entre autres...

C'est une avalanche d'informations que le sujet devra emmagasiner en ne faisant appel qu'à la Raison – *si l'on tient compte du temps qu'il pourra y consacrer, celui-ci sera tellement important qu'il faudra au profane toute une vie pour ingérer toutes ces données.* De nouveau, on lui citera les miracles accomplis, on lui promettra le Bonheur et l'Éveil[1], les qualités références – *sagesse, altruisme, etc.* –, et la fin de la souffrance.

Par surcroît, on le menacera en parallèle ; cela sera le risque de se réincarner en des vies inférieures – *« carotte et bâton », paradis et*

---

1. Hui Neng patriarche du bouddhisme Ch'an au 8ᵉ siècle « Les sots qui pratiquent dans l'espoir de bonheurs et de félicités et disent que ces pratiques en vue de bonheur sont la Grande Voie ne la pratiquent pas », *Le soutra de l'estrade du don de la loi*, La table ronde, 2001.

enfer. Et, pour le moins étonnant, il ne fera aucun parallèle entre les nouveaux préceptes inculqués et ceux reçus lors de son enfance.

> *Vous changez le papier d'emballage et le profane pense avoir fait un pas vers l'accomplissement : « Couleur d'exotisme, d'orientalisme, tu m'enivres ! »*

Il est à préciser que ces traditions qui sont extraites de sociétés qui *datent d'un autre âge*, ont, pour asseoir leur influence, déifié leurs représentants. Et les occidentaux convertis se sacrifient aux rites de soumission devant des enfants déclarés Tulkus - *« réincarnations » de Lama-*, à tel point que le Dalaï-Lama, lui-même, a dû, devant cette image négative, préciser qu'il était indispensable de se conduire en adulte face à des enfants – *l'image d'hier ne doit pas être celle d'aujourd'hui.*

> *Transposez dans votre imagination le rite tantrique vers celui chrétien.*
>
> *Imaginez un moine trappiste - qui n'a certainement rien à envier à un Lama sur le plan « travail sur le profond » - que l'on saluerait à genoux. Que l'on appellerait « Insurpassable » - Lama - et des enfants que l'on adulerait, car réincarnation du trappiste. Qu'en penseriez-vous ?*
>
> *Ce qui ne s'oppose pas au fait que, derrière cette façade pour profane, on puisse trouver dans le Tantrisme une tradition initiatique de grande qualité, avec des outils dont l'efficacité est incontestable - à condition que l'on veuille bien vous indiquer l'utilisation et la progression justes, comme toujours...*

Quant au travail dit « spirituel », celui-ci consistera surtout à reproduire le standard du « format du pratiquant éveillé » – *tant sur le plan aspect, que conceptuel* - qui aura été donné à travers la formation reçue.

En fonction, le sujet façonné, sans le savoir, jouera ainsi le rôle de l'Éveillé ou du Parfait, en pensant avoir été transcendé par les théories inculquées.

À partir de ce stade, comment avancer, puisque de nouveau, on se leurre sur son propre état, sur son propre Être ?

L'état d'Éveillé, de Parfait, celui qui correspond au « standard » de la doctrine est un objectif symbolique. Jouer à avoir l'état ne fait qu'ajouter un nouveau masque sur le précédent, et définitif celui-ci, puisque le chemin est terminé.

Ce qui est d'autant plus à proscrire que le support de tout chemin spirituel, de toute quête personnelle, est l'acceptation de soi-même. Et cette acceptation ne peut commencer que par la connaissance de « soi », de ses défauts, de ses imperfections, de ses capacités, de ses qualités, et du masque social qui les recouvre.

Cette perception doit permettre une prise de conscience progressive de son masque et de ce qu'il recouvre, en acceptant ce que l'on est, même si cela ne correspond pas à l'image souhaitée ou souhaitable pour soi-même ou pour les autres. Il est indispensable de se répéter que, comme tout un chacun, comme le commun, on est conditionné, « formaté » et ce que l'on croit souvent être, personnalité, volonté, choix, désirs, envies, n'est que le résultat d'un « dressage social » qui recouvre, fort heureusement, ses pulsions animales ataviques.

Cette approche humble et sincère de soi, nous permet de pressentir avec le temps, d'une manière intuitive, comme toutes les traditions le confirment, qu'il y a de caché, au plus profond de chaque homme un Être essentiel[1], qui lui est en contact avec le Divin, avec l'Univers, avec le Tao, avec « autre chose d'indéfinissable ». Cet « Autre » en nous, qui est « notre part de divin », nous permettra de quitter notre masque, et de plus, saura tuer, ou du moins apprivoiser, l'animal qui sommeille. Mais nous n'en sommes pas à ce stade.

Cette prise de conscience du masque doit permettre progressivement de définir le contour de son emprise. Contour qui va du visible à l'invisible, de l'aspect, du comportement, de l'intellect, jusqu'au monde du perceptif.

Nous croyons voir, entendre, sentir, goûter, toucher, et ce, naturellement, mais l'on peut s'apercevoir de par cette démarche que

---

1. C'est ce que l'auteur appelle « le Profond » dans le texte.

nous le faisons à travers ce masque qui modifie, transforme, notre dimension sensible. Conditionnement qui va du perceptif à l'émotif et de ce qui leur est rattaché : amour, haine, peur, compassion, empathie...

Nous découvrons alors que ce nous pensions ressentir, n'est très souvent que réaction orchestrée.

C'est pourquoi certains se tournent ensuite vers la psychanalyse.

Science intéressante si l'on fait appel à des praticiens de qualité, formés dans une école qui n'est pas trop doctrinaire.

Une thérapie par l'analyse peut être, comme nous le disions précédemment, très utile à certaines personnes en difficulté, pour déceler, puis éventuellement guérir leurs psychoses.

Mais, il y a un élément à ne pas oublier :

— le thérapeute a une fonction que lui demande son patient, qui est de retirer le « mal-être » ressenti par celui-ci.

Dès lors, le praticien se voit dans l'obligation de « réinstaller » le masque du patient, pour que ce dernier puisse se réintégrer dans le contexte social en toute sérénité.

Il y a donc là, une barrière difficile à déterminer, entre l'utile sur le plan thérapeutique et le non souhaitable sur le plan spirituel.

Nous excluons ici « l'indispensable » qui concerne les graves déviances comportementales.

Quant au rapport entre la psychanalyse et l'Être Essentiel, cela ne peut que faire poser question. Le travail de l'analyse peut lui aussi, être long, très long, et ne mener qu'à une étude égocentrique sans grand intérêt spirituel.

La « via reggia », la voie royale de l'inconscient selon la psychanalyse, qui est le rêve, n'est pas à confondre avec une quête spirituelle. L'erreur peut se situer dans l'amalgame entre l'inconscient, le psychisme et l'Être Essentiel.

Ce souhait de Connaissance conduit de nombreux Cherchants vers les courants initiatiques.

Citons en exemple la Franc-Maçonnerie. Fraternité qui a comme base de travail le symbole, le Rite et la fraternité.

Le symbole dont l'interprétation est multiple et varie selon la qualité de l'impétrant. De par cet indéfini, toute expérience sensible peut être transmise sans subir l'outrage du temps et de l'interprétation limitée. Ce qui laisse entendre que l'homme a pu communiquer sa connaissance par le symbole beaucoup mieux que par l'écriture. La dimension alors prise peut contenir une signification du sensible – *soulignons qu'aujourd'hui l'utilisation de dictionnaires des symboles est banalisée et de fait le principe même disparaît.*

Les Rites grâce à leur action sur l'inconscient, à condition qu'ils soient effectués dans le respect de la Tradition, permettent, selon la qualité du récipiendaire, d'ouvrir des champs de conscience insoupçonnés.

> *Il y a souvent confusion entre « être un bon technicien » du rituel, du souffle, des principes – ce qui revient à travailler laborieusement et consciencieusement des techniques définies – et la stimulation de l'Être qui conduit à une émulation de l'Esprit, conséquence d'un travail « juste » et pas forcément rigoriste. D'un côté, il s'agit d'une activité, de l'autre, d'un Art initiatique.*
>
> *Confusion on ne peut plus fréquente.*

La fraternité qui est la clef de voûte du sensible, premier pas vers l'amour[1] de l'autre, vers l'Unité.

Les travaux réalisés sont importants pour l'évolution du frère. Travail fait par lui-même, l'obligeant à se poser les questions qu'il ne se serait peut-être jamais posées. Travail fait par un frère, qui peut être enrichissant, ouvrant des perspectives nouvelles, inconnues, et surtout qui devrait être facteur d'humilité ; car souvent les frères les plus discrets sont ceux qui ont une quête parmi les plus sincères – *et non égotique.*

Vision bien idyllique, mais malheureusement comme dans tout microcosme le revers existe. Nous ne parlerons pas des affairistes

---

1. « Qu'est-ce que l'amour ? Le besoin de sortir de soi », Charles Baudelaire, *Mon cœur mis à nu*, 1867, p. 655.

qui n'ont qu'un objectif, celui du profit, et qui viennent ternir tous les édifices, y compris ceux spirituels, mais plutôt de l'aspect « modélisation » qui peut exister.

Là aussi, nous retrouvons les pièges habituels.

Tout d'abord lors des tenues – *réunions* – le rappel incessant de l'idéal du franc-maçon, soit : tolérance, fraternité, ouverture d'esprit et accomplissement spirituel. En conséquence, avec le temps, par le rappel incessant des qualités théoriques, tout impétrant finit par penser que l'appartenance à l'institution suffit à créer en lui ces qualités. Et de fait, il travaille intellectuellement sur celles-ci, écoute le travail des autres sur ces sujets et pense « naturellement » posséder celles-ci en lui.

Bien évidemment, cela ne peut être qu'un doux rêve puisque de nouveau la mise en place d'un nouveau format s'élabore. Le masque du clone de franc-maçon apparaît alors, celui qui correspond à « l'image stéréotypée » de l'institution. Et pour conforter l'ensemble, les grades franchis ne font que confirmer cette illusion, et ce, à travers le rang obtenu dans le microcosme. Mais ce qui est oublié, c'est que seule la Raison a compris le processus à suivre pour recevoir la reconnaissance recherchée.

À ce moment-là, sans s'en apercevoir, l'impétrant passe du statut de Cherchant à celui de carriériste. Rien d'étonnant alors, de constater que l'institution prenne de plus en plus d'importance à ses yeux, plus que son accomplissement lui-même. Nous retrouvons là, le piège habituel de tout groupuscule – *l'Outil supplantant l'Œuvre.*

Il ne s'agit pas de décrier dans ces lignes cette institution, bien au contraire – *ce n'est qu'un exemple parmi beaucoup d'autres.* Les Outils offerts – *Rites, symboles, fraternité* – sont de qualité. Ils agissent sur le perceptif pour qu'ensuite le spéculatif puisse comprendre les raisons de son évolution, sur l'émotionnel par la fraternité développée, par les initiations réalisées et sur l'exaltation enflammée par l'égrégore ; excellents Outils qui favorisent un réel accomplissement des rares exceptions qui ne sont pas tombés dans les pièges tendus.

Nous sommes conscients de présenter sous plusieurs aspects les mêmes écueils, les mêmes pièges. Mais cette réitération a un objectif, celui de vous permettre à travers ces nombreux exemples de pouvoir établir «un effet miroir» avec votre propre parcours, sachant que plus on élargit le champ de l'investigation, plus cela devient possible par évidence.

En effet, nous savons que toute forme d'autocritique est pour le moins difficile pour chacun. Et d'aucuns se diront que les institutions citées ont ce travers, mais que la leur est différente sur beaucoup de points. Certes, mais cela reste improbable, surtout si à la place des différences que l'on veut voir, on regarde les similitudes citées. Pour cela, il suffit de constater que dans les écoles les plus dépouillées, il est possible de retrouver tout autant les mêmes impasses.

Pour preuve, terminons par le Zen, école de dépouillement par excellence – *sachant que de nombreuses écoles existent au Japon.*

L'outil principal est la méditation assise en faisant abstraction de toute pensée – *avec pour l'école Rinzaï le travail sur les Koan – échanges entre un Maître et son disciple dans lequel, la logique habituelle ne trouve pas sa place, l'objectif étant de briser la Raison pure pour toucher l'Esprit.*

Cette branche japonaise du bouddhisme est référence dans ce type de travail et ne peut qu'être respectable.

Cependant, il est possible de s'apercevoir que les mêmes travers peuvent être relevés, à savoir :

— les nombreux textes définissant le modèle type du pratiquant.

— ainsi que le mode de pensée stéréotypée, qui apporte par ce fait la «définition» du Zen.

— la posture définie dans un moule précis, qui devient ainsi un carcan pour le pratiquant.

— l'analyse des sens multiples des Koan réalisée par certains essayistes, qui limite, voire annule l'effet produit au niveau de l'Esprit.

— l'apparence cultivée par la tenue, le crâne rasé, la gravité apparente, qui modélise et extériorise la référence.

— la volonté de reconnaissance égotique de certains, la lutte d'influence des institutions pour avoir la suprématie,

— l'organisation grand public de stages, de séminaires, en Occident qui transforme cette voie d'Éveil en une activité lucrative sans grand intérêt – *et cela même si une formation sommaire de la méditation est apportée.*

Ici encore, d'une école de grande qualité, l'homme peut créer un pâle ersatz - *euphémisme.*

Cette prise de conscience par le Cherchant des œuvres d'illusions rencontrées est certainement la première étape de toute quête. Œuvres d'illusion qui ne sont en fait que la reconduction des principes utilisés lors du conditionnement initial, mais présentés sous un autre emballage, sous un autre aspect, sous une autre forme.

Cette reviviscence, ce réveil, lui permet, par analogie, d'appréhender le détail de son propre format, comment cela a été orchestré et pourquoi.

Dès lors, il sait que son objectif véritable n'est ni de répondre à ses questions existentielles bien trop égocentrées, ni de parfaire sa culture soit sa Raison, mais bien de se relier à son Être Essentiel enfoui au plus profond de lui, qu'il doit appeler encore «Autre» parce que mystérieux, car non perceptible.

C'est sur ce dernier point qu'il n'est pas dupe. Il comprend que son chemin ne fait que commencer, et surtout qu'il est nécessaire de profiter de toutes les opportunités pour avancer.

Il est vigilant, sachant que celles-ci passent comme un cheval au galop, et qu'il est indispensable d'être au rendez-vous du Destin.

Sa quête est incessante, inextinguible, comparable à celle d'un homme assoiffé qui ne trouve aucune source où s'abreuver.

Le monde qui l'entoure lui semble maintenant «étranger», car bercé par le doux confort d'une pensée aseptisée, comparable à un long fleuve tranquille sans trop d'intérêt.

À l'inverse, son Esprit est bouillonnant comme un torrent.

2e ÉTAPE
LE CHEMIN VERS
L'ESSENTIEL

Un jour, une évidence se révèle à l'esprit du Cherchant. Évidence telle, que celui-ci se demande pour quelles raisons il n'a pu la percevoir plus tôt.

Rappelons que ce Cherchant, lors de l'étape précédente, a appris à se défaire de tous les pièges d'illusions qu'il peut rencontrer, et donc à ne retenir que des Traditions authentiques, et dans celles-ci l'aspect « dynamique ».

Il lui a été utile pour cela d'apprendre à ne pas rejeter telle ou telle tradition, de telle origine, à partir du « papier d'emballage » qui la recouvre. Ce papier pouvait être d'une couleur ou d'une autre. Désagréable à ses yeux, mais il savait que le contenu pouvait éventuellement présenter un intérêt certain, et qu'en fonction son approche devait être réalisée. Tout comme à l'opposé, il savait ne pas être enivré par tout chatoiement, mais sans pour autant rejeter le contenu.

C'est cet état d'esprit qui lui a permis, avec le temps, d'aller à l'essence même des Traditions rencontrées, et de découvrir ainsi la similitude des principes qui les sous-tendent toutes.

Cette similitude, cette évidence révélée, il l'a perçue lorsqu'il a eu le privilège d'être initié à l'utilisation « juste » des « Outils[1] » de différentes Traditions authentiques.

Arrêtons-nous pour faire une petite parenthèse sur l'authenticité.

---

1. Par « Outil », nous entendons : « procédé » qui permet d'obtenir un élargissement du champ de conscience – exemple : prière, méditation, contemplation, pranayama, etc.

Il y a, comme nous l'avons souligné, dans toute tradition deux lignées :

— Celle qui est destinée à apporter la « morale » aux hommes ordinaires.

Morale présentée à l'homme comme d'origine surnaturelle, venant d'un Dieu entité omnipotente et omnisciente, d'un Éveillé qui est sacralisé tout comme un Dieu, d'un Sage thaumaturge, de façon a être jugée comme incontournable, soit pour ne pas risquer les foudres surnaturelles, soit enfer, soit réincarnation en être inférieur ; toujours le bâton – ou la carotte.

Morale qui, à l'origine, a été mise en place par des « religieux » sages pour éduquer la société dans laquelle ils vivaient, de façon à maîtriser l'animal qui est en chaque homme. Puis imposée avec le temps comme dogme immuable aux ouailles – ou presque, car avec le temps...

— Ceux chargés de cette tradition sont au premier plan. Ils ont l'image appropriée, le charisme souhaitable, et sont au sommet de la structure pyramidale mise en place. On peut considérer que ces hommes se dévouent pour être les pasteurs du troupeau ; soit la Tradition exotérique – bis repetita, la religion statique.

La deuxième lignée, quant à elle, est plus discrète et quelquefois secrète. Elle a non seulement la connaissance profonde de l'utilisation des Outils de sa Tradition, mais continue à travailler inlassablement avec. Elle est en arrière-plan, l'humilité la caractérise. Son discours et son comportement sont pour le moins surprenants, sinon incompréhensibles, pour l'homme commun. Ceux sont les détenteurs de la Tradition initiatique ou ésotérique – la religion dynamique.

Il est vrai que de très rares exceptions sont capables de jouer le rôle de pasteur tout en étant détenteur de la Tradition ésotérique. Seul un accomplissement certain peut permettre la coexistence des deux « logiques » dans l'individu. Une logique cartésienne et une chaotique.

Est-ce vrai aujourd'hui pour les dirigeants des grands courants religieux et initiatiques ?

C'était certainement le cas de Lao Tseu, de Sakyamuni, et de Jésus.

« C'est à ceux qui sont dignes de mes mystères que je dis mes mystères. Ce que ta main droite fera, que ta main gauche ne sache pas ce qu'elle fait. » Th 62

Une «véritable initiation[1]» au travail des «Outils» est effectivement un privilège. En effet, contrairement aux «marchands de produits et de méthodes dits spirituels» que l'on peut trouver à profusion aujourd'hui, un Guide authentique n'a pas comme vocation de chercher le postulant. Il pourra même présenter une attitude revêche, son rôle étant de séparer le bon grain de l'Ivraie. Toutes les Traditions respectent ce principe, il y va du respect de ce qui est de l'ordre de l'Esprit.

C'est donc au Cherchant de faire le chemin, et au «destin» de lui faire rencontrer le bon interlocuteur.

Ensuite, il lui faudra de la patience, de la patience, encore de la patience, et progressivement il pourra avoir accès aux différents degrés d'initiation « des outils transmis ».

Prenons le temps de faire une deuxième parenthèse.

Il est utile de préciser une chose essentielle. Cela concerne la qualité de l'initié.

En effet, si celui-ci n'a pas la qualité requise, l'effet escompté ne pourra être qu'en demie teinte, voire impossible.

Par exemple, dans les traditions où l'on passe par le corps, si le pratiquant n'a pas la sensibilité utile, l'Outil ne fera que rendre le physique plus performant, et ensuite ce palier ne pourra être franchi. L'aspect sera alors trompeur pour le profane qui trouvera là une façade bien séduisante.

Et de fait le profane regarde le doigt, soit la dimension exotérique.

C'est d'ailleurs une des plus grandes tentations, celle de vouloir

---

1. Une véritable initiation correspond au «comment» procéder pour utiliser de manière «juste» l'outil, et non au «pourquoi», cette dernière réponse est celle de l'expérience vécue et non de la théorie. Plusieurs degrés du «comment» existent en fonction du niveau de l'initié.

montrer, démontrer, paraître. Dans la tradition du Yoga, c'est l'un des derniers écueils à éviter - malheureusement on peut constater qu'aujourd'hui...

Par contre, si les qualités sont présentes, l'Outil accomplira son œuvre et permettra la relation du corps et de l'Esprit pour qu'un jour l'Autre se présente.

La lune sera aperçue, l'aspect ésotérique. Fin de la parenthèse.

C'est à ce moment qu'il pourra se considérer comme véritable disciple d'une Tradition – *il est vraiment utile de préciser qu'une initiation est le début d'un nouveau chemin, et non un « accomplissement » ; la confusion est pour le moins fréquente.*

De par le travail réalisé, il se rendra compte concrètement que la Raison seule, le spéculatif ne pouvait lui faire emprunter le chemin souhaité, celui de l'ouverture de son champ de conscience. Et de fait, à chaque fois qu'il avait recherché des réponses parmi les divers courants contemporains offerts, il n'avait été confronté qu'à leurs intellectualisations et à des discours emphatiques sans aucun intérêt essentiel. Et lorsqu'on lui démontrait les outils à utiliser, l'approche discursive de ceux-ci les limitait et les rendait improductifs du fait que la théorie était le support du travail à réaliser.

Enfin, la Tradition le fait bénéficier de l'héritage reçu. Elle devient un creuset où la transformation de son Être peut s'opérer. Il le sait, il le vérifie, tout simplement parce que son perceptif se transforme. Sa relation avec ce qui l'entoure, avec les autres, avec l'objet[1], se modifie d'une manière subtile, mais sensible. De plus, l'exaltation qui l'envahit lors de son travail est réelle et palpable.

Chaque jour lui apporte des sensations nouvelles, une perception agrandie, un monde nouveau. Ce n'est pas l'Eden, ni la béatitude et le bonheur, ce miroir aux alouettes que l'on promet on ne peut plus souvent aux profanes, mais plutôt un bouleversement interne qui remet en question ses fondements initiaux ; situation inconfortable.

---

1. Objet : tout ce qui, animé ou inanimé, affecte les sens.

Mais cela lui est supportable et ne perturbe pas trop sa vie de tous les jours. Il associe son « travail des outils » avec les définitions d'éthiques et de principes de vie de sa Tradition. De plus, l'attitude « juste » commence à apparaître, mais nécessite encore un effort de la volonté. Mais cette attention est captivante.

Sa quête est encore égotique sans qu'il le sache. L'envie sous-jacente d'être différent, différent des autres, que le masque crée pour éviter de disparaître, se développe à tel point que très souvent ce dernier risque de l'emporter.

Chausse trappe on ne peut plus efficace, car l'outil commence à produire ses effets. Le charisme, l'influence du mot juste, du geste juste, de l'intuitif pur, font que le Cherchant augmente son impact sur l'homme commun. De ce sentiment de pouvoir peut naître un Ego encore plus suffisant, plus prédateur, synonyme d'une impasse incontournable.

C'est à ce moment-là que les qualités du Cherchant doivent être présentes pour s'opposer à ce type de tentation. Très souvent, trop souvent, on pense que l'outil peut et doit tout faire, y compris nous transformer, transformer notre médiocrité, notre petit « moi » étriqué et restreint. Cela peut être vrai, mais est tout autant erroné.

Il est vrai que le « travail juste » donne de l'amplitude à l'état d'Être du Cherchant, mais il faut savoir être prudent, car selon sa nature profonde cela peut être : prétention, agressivité, haine, soit Œuvre au noir – *et l'autoanalyse reste pour le moins difficile comme toujours...*

Il est tout aussi vrai que, réveillant son « Être sensible », le Cherchant peut développer la racine d'amour qui est en lui. À l'opposé, si dans la « vie de tous les jours » il continue à agir d'une manière étriquée en étant « petit », mesquin, envieux, pingre, cette racine s'étiolera bien vite.

Pour éviter ce risque, il est nécessaire de s'observer sans indulgence, de ne pas être complaisant envers soi-même, et pour cela de tout mettre en œuvre pour modifier progressivement son comportement de tous les jours – *sans oublier de travailler journellement avec les outils reçus en héritage.*

Faites-le comme si vous étiez « un autre ».

C'est aussi sur ce dernier point qu'il y a méprise.

Cette erreur, pour le moins commune, a comme origine ce précepte : « Il faut commencer par s'aimer soi-même, pour aimer les autres ». Ce qui est traduit la plupart du temps par « avoir un amour - aveugle - pour soi, ce qui permet d'aimer les autres ». Malheureusement cette interprétation, si vous l'appliquez, ne pourra que renforcer votre égocentrisme. En fait, la véritable signification est à l'opposé ; il s'agit plutôt de se corriger pour développer les qualités requises à son accomplissement, celles qui concernent son état d'Être, soit par extension, son état de relation avec les autres.

Comme le disait un Sage bouddhiste : « Il faut commencer par laver le miroir pour laver son visage », c'est-à-dire commencer par être capable de s'autoanalyser, de corriger ses pensées et ses actions. Ensuite seulement, les qualités requises étant en soi, les outils pourront avoir une action.

Vous voulez que l'Autre se réveille, éveiller la partie de Divin qui est en vous, être Éveillé, rejoindre l'Univers, le Tao, Dieu, faire Un avec le Tout, qui ne sont que l'expression parcellaire de l'Indéfinissable, et vous agissez tous les jours d'une manière petite et réduite, alors ne demandez pas l'impossible à la Tradition,

« Car il n'y a rien de caché qui sera manifesté et rien de couvert qui restera sans être dévoilé. » Th 6

Ce point est fondamental ; les reproches, les réserves que l'on peut entendre sur la qualité de tel ou tel outil, ou de tel Maître authentique, sont souvent le fruit de la médiocrité de celui qui les a émises.

Pour revenir aux qualités ; il faut donc avoir une foi imperturbable en sa quête, en ses Outils, en sa Tradition et se donner les moyens d'avancer sur le chemin. Pour appliquer cela, il faut mettre en œuvre un principe intime.

Il consiste à éviter de « ramener à soi » toute chose. Et donc, dans la mesure du possible, éviter de parler de soi, de se comparer aux autres, d'agir pour un bien-être personnel, pour une valorisation personnelle – *par exemple, si l'on fait une action caritative.* Sans oublier, tout particulièrement, éviter de porter le masque du « Parfait », du Philanthrope, qui aime le genre humain.

Il faut tendre plutôt vers l'humanisme en ayant une conduite altruiste, sensible, en supprimant surtout tout stéréotype d'image prédéfinie et en devenant « transparent ».

Cette évolution comportementale, qui doit conduire progressivement à un état, ne peut être comprise sans avoir approché les notions suivantes :

— l'amour ne peut pas être une théorie, car il émane du plus profond de l'Être. Celui de la mère pour l'enfant est certainement le plus évident. Le fait d'avoir été dans l'unité avec le fœtus est certainement une des racines de ce sentiment.

— l'amour des autres ne peut exister sans la prise de conscience de l'Unité indivisible ; l'amour étant la force qui nous dirige vers le retour à celle-ci. Et si l'on pense avoir prématurément cet état, le risque de se croire « accompli » se présente, et avec lui la stagnation consécutive.

Comme cité précédemment, ce sentiment fut exprimé avec talent par le poète Baudelaire : « Qu'est-ce que l'amour ? Le besoin de sortir de soi. »[1]

La notion d'Amour serait donc au-delà de l'individualité même. Notion que nous retrouvons tout autant dans les textes religieux.

— cependant, dans certains cas, l'amour pour autrui peut être le fruit, lui aussi, du conditionnement reçu. Comme le disait une écrivaine : « Aime-t-on l'autre pour lui-même ou pour l'image que l'on se fait de lui ? ». La réponse n'est pas évidente si l'on est tout à fait sincère.

— quant à la volonté de vouloir faire le Bien pour l'amour que l'on a des autres, on pourrait reprendre la question précédente en l'adaptant : « Aime-t-on les autres pour l'image que l'on a de soi ? ». Et l'on doit avoir l'humilité d'émettre une réserve aussi sur toute réponse.

1. Charles Baudelaire, *Mon Cœur mis à nu*, G. Grès et Cie, 1920, p 114.

Tout comme l'Amour, le Bien et le Mal sont difficilement définissables.

Cependant sur ce sujet, il est possible de se complaire dans des concepts bien abstraits, comme ceux qu'il est possible de lire dans certains ouvrages bouddhistes et taoïstes contemporains. Citons en exemple : « le Bien et le Mal font partie d'un ensemble indissociable » ou « le Bien et le Mal n'existent pas, car ils finissent par se rejoindre ».

Bien sûr, si l'on aborde la notion d'absolu où tout se fond pour former l'Unité, toute différenciation est erronée.

Cependant, est-ce de notre dimension d'être vivant ? Les moines bouddhistes vietnamiens qui se sont immolés par le feu pour que cesse la guerre, étaient-ils dans l'erreur ? Quand un enfant souffre sous l'action d'une autre personne, ne faut-il rien ressentir ? Lors d'une visite dans un camp de concentration, cet effroi qui nous parcourt est-il aussi abstrait ?

Si la réponse est « Oui ! », c'est que le masque d'Éveillé que l'on porte est devenu une infirmité des sens. Piège sans issue.

Mais peut-être quelquefois valorisant ; l'air imperturbable du Sage ? Ou du moins sa caricature.

On pourrait aussi, pour approcher cette notion de Bien et de Mal, dire en toute logique : « Le Bien se ressent comme le Bien, et le Mal se ressent comme le Mal ». Parfait, mais faudrait-il encore définir selon quels critères le jugement de chacun se fait.

Est-ce à partir d'une morale, religieuse, sociétale, philosophique, et donc fruit d'un format reçu ? Ou bien est-ce réellement un état sensible qui permet de percevoir ces notions ?

Là aussi, si l'on est tout à fait sincère, la réponse n'est pas évidente, le conditionnement reçu restant profondément ancré en chacun.

De plus, il est à préciser que toute Tradition transmet au Cherchant profane « une » morale qui précise les vertus à acquérir. Précaution bien salutaire, car le travail des Outils permet de s'ouvrir vers « des champs de consciences particuliers » que l'on ne peut ni imaginer ni anticiper, alors autant que cela soit guidé en amont.

Revenons à la progression.

Avec le temps, beaucoup de temps, grâce au travail juste effectué, une transformation du « sensible » se fait.

De cette sensibilité qui s'ouvre, de cette fissure, un jour, naît « une certaine perméabilité » du champ de conscience vers le Divin, l'Unité, l'indéfinissable. Précédemment tout n'était qu'intellectualisation de concepts précis, variant selon les origines il est vrai, mais qui demeuraient définitions : Dieu est ceci, Dieu est cela, l'Éveil est ceci, l'Éveil est cela, le Tao est ceci, le Tao est cela, le chemin à suivre est celui-ci, l'objectif à atteindre est celui-là, l'homme Parfait est comme ceci, l'Être Éveillé est comme cela...

Pourtant...

« Vouloir définir Dieu, c'est s'éloigner de lui » -Prieur abbaye de Cats

« Quoi que vous puissiez imaginer, Dieu sera différent » -Un Sage soufi

« Le Tao qui peut s'énoncer n'est pas le Tao éternel » -Lao Tseu

Mais maintenant, cette prise de conscience est totalement différente puisqu'intuitive. Elle apparaît par évidence subitement, et disparaît sans qu'on puisse la maîtriser. Et à chaque fois, le récipiendaire n'en sort pas indemne. Il est bouleversé, et quelquefois torturé par la lutte intestine qui se déroule entre ses anciennes convictions et ses nouvelles perceptions.

Ce qui n'est pas sans évoquer :

« Que celui qui cherche, ne cesse pas de chercher, jusqu'à ce qu'il trouve. Et, quand il aura trouvé, il sera troublé ; quand il sera troublé, il sera émerveillé, et il régnera sur le Tout. » Th 2.

L'émerveillement sera le début de l'étape suivante, et le « règne » par la suite du moins peut-être...

Mais grâce à cet antagonisme surgit un homme nouveau. Un homme qui commence à se rendre compte que les paradoxes rencontrés ne pourront trouver de réponses que grâce à une approche sensible, la Raison n'ayant pas sa place dans l'expérientiel.

De plus, en lui est apparu un élément déstabilisant, car insoupçonné : le « souffle[1] ». Celui-ci parcourt tout ou partie de son corps, modifiant là aussi la perception qu'il avait de lui-même. Ce « souffle » – *appelé aussi « présence de Dieu » par certains moines chrétiens* – est non seulement perception physique, mais est également relié à son état d'Être, à l'Autre.

Ainsi, l'union du corps et de l'Esprit, qui n'était précédemment qu'un principe théorique, devient conscience. Toutefois, le Cherchant perçoit que cette union n'est encore que partielle.

C'est uniquement à partir de ce nouvel état – *« état d'Être » et pas encore « état d'Âme / Esprit »* – que l'on peut parler d'Initiation. Initiation réelle du fait que se produit chez le Cherchant, à cet instant, une réelle évolution du champ de conscience.

Le profane devient enfin initié, l'embryon de sa métamorphose apparaît. De l'état spéculatif où la Raison était Reine, il accède enfin à un état sensible où l'Esprit est Roi.

Insistons sur ce dernier point, souvent oublié.

L'initiation ne peut être uniquement une pièce de théâtre soigneusement orchestrée, durant laquelle le profane est un acteur passif subissant un scénario créé par des hommes. Et cela même si, consécutivement, l'analyse spéculative tente de démontrer le contraire. Il s'agit d'un jeu de rôle – *soigneusement orchestré*.

L'initiation réelle est celle qui provoque la rupture de la Raison pour agir directement sur la dimension sensible de l'initié, pénétrant par ce fait l'inconscient – *pour certain les cerveaux profonds.* Seul ce processus peut entraîner une réelle métamorphose du profane – *tout comme pourrait le faire un Koan, lorsque le Maître questionne le disciple à l'instant propice.*

Trop souvent, il y a confusion entre l'adhésion à une institution porteuse d'une tradition authentique à travers un Rite, et « la mort

---

1. « Souffle » soit Spiritus, Pneuma, Prana, Ruah, Ruh, Qi, Ki, est la « substance », « présence », en soi qui permet à l'individu de rejoindre en conscience pure l'indéfinissable – si le « destin » est clément…

du profane » - initiation : têleutaî, faire mourir - considérée comme
« une sortie qui donne accès à une nouvelle dimension ».

L'influence spirituelle de l'institution ne pourra se faire - dans cer-
tains cas - qu'avec de la qualité, du temps et du travail, comme la
plupart du temps...

On peut se demander si par exemple dans certaines obédiences de
la Franc-maçonnerie, cette confusion ne vient pas d'une mauvaise
interprétation initiale du travail à effectuer.

Ce travail consiste à : « tailler la pierre brute pour qu'elle puisse être
insérée dans l'édifice commun ».Ce qui est souvent interprété comme
un travail en relief par un cumul du « savoir », de façon à ce que le
Maçon puisse s'intégrer dans la société, soit un travail exotérique.

Or, sur le plan spirituel, il paraît plus souhaitable de traduire par :
« apprendre à désapprendre » comme le disait Lao Tseu, pour trouver
son « Être intérieur » de façon à rejoindre le Tout - édifice universel,
le Un. Dans ce dernier cas, le « sensible » produit par le Rite serait pri-
vilégié et précéderait tout travail spéculatif. Alors ce dernier, ne cor-
respondrait qu'au constat d'états sensibles vécus. Travail ésotérique.
Mais nécessite un travail journalier avec un Outil de la Tradition.

Cette confusion est fréquente, et correspond à un chemin de traverse.

Dès lors, une nouvelle « marche » vient d'être franchie.

C'est à ce moment-là que le Cherchant se trouve devant une
nouvelle tentation, celle de redevenir un homme commun. Désir
qui est la conséquence de son ressenti intestin.

En effet, le travail quotidien réalisé sur lui-même a fait fondre
progressivement la rigidité de son conformisme. Et de fait, son
comportement, ses prises de position paraissent comme farfelues
aux yeux de son entourage. Les théories bateaux, les syncrétismes,
les persona grata, que l'on présente dans les médias, dans les ouvrages spécialisés, dans les conférences diverses, produisent en lui
une réaction allergique qu'il a du mal à supporter. Quant aux « sa-
gesses » à la mode qui y sont associées, cela ne peut que l'affliger.
Les sujets classiques de discussion, politiques et sportifs, lui appa-

raissent comme le fruit d'une agitation désespérée. Même les obligations sociales, mariages et communions, s'ils ne sont que l'émanation du conditionnement de l'homme commun, deviennent difficiles à vivre. De plus, le constat de la société qui l'entoure ne fait que raviver ce ressenti. L'insignifiance des prétentions humaines, de sa propre prétention, se révèle à lui et ce n'est pas là une situation enviable. Et conséquence, le mal-être inconscient, qu'il ressentait au plus profond de lui, est devenu un mal-être conscient, ce qui ne fait que raviver son affliction.

Où est le temps où tout cela était sans question, sans problème? Ce nouvel État peut-il être enfoui sous l'ancien? Il le désire presque.

Ce qu'il ne sait pas encore, c'est qu'une fois arrivé à cet état, cela devient impossible, car comme le précise la Tradition: «la porte étant ouverte, on ne peut la refermer[1]».

«Je détruirai cette maison et personne ne pourra la reconstruire».
Th 71

Heureusement, avec le temps, il lui est devenu possible de continuer à «jouer son rôle», mais en en étant conscient maintenant; position inconfortable.

Alors le Cherchant se réfugie dans sa Tradition – *dans les Outils reçus*. Et celle-ci devient vie. Les autres Cherchants qui partagent le chemin emprunté sont à ses yeux les seuls avec qui il peut échanger et se réconforter.

Sentiment exprimé dans:

« Ceux que voici, qui font la volonté de mon Père, ceux-là sont mes frères et ma mère. » Th 99

Son chemin est Travail et Éthique.

Sa quête est volonté farouche.

---

1. Expression de la tradition interne chinoise.

3e ÉTAPE
SE FONDRE DANS L'ABSOLU

Le temps s'écoule ainsi, les années passent, le travail journalier s'effectue régulièrement. Comme chez tout Cherchant sincère, la quête entreprise entraîne des états d'âme variables. Les Outils œuvrant de leur côté, les circonstances de la vie du leur, l'humeur de l'homme en quête fluctue selon les jours, selon les instants. Les périodes de confiance sont suivies de moments de découragement, et cette instabilité émotionnelle peut quelquefois amener une certaine résignation, une certaine mélancolie.

Contrairement à ce que l'on peut penser – *il faudrait plutôt dire :* « *à ce que l'on a pu lire sur les supports des produits dits spirituels mis sur le marché* » – cette résignation n'est pas négative. Bien au contraire, elle permet au Cherchant de perdre cette « volonté rigide », cet « Esprit pierre », qui consiste à « vouloir obtenir », et surtout elle efface tout sentiment égotique et égocentrique. Ce qui provoque en lui l'état « juste » pour œuvrer avec l'Outil.

> *Ce qui n'est pas comparable à l'acédie de la théologie catholique, qui est une affection spirituelle qui atteignait les moines du désert et qui se manifestait par l'ennui, le manque d'intérêt pour la prière et le découragement ; quoique...*

Par voie de conséquence, le temps passant, un jour, lors du travail effectué avec un Outil, se produit quelque chose d'indéfinissable chez le Cherchant. C'est à cet instant que sa dimension de microcosme dans le macrocosme prend une nouvelle signification.

Jusqu'alors tout le travail effectué avait comme principe de base, du moins selon sa propre interprétation, l'accomplissement individuel. Ce qui signifiait selon les traditions rencontrées, soit de re-

joindre Dieu en l'Esprit, soit d'obtenir l'Éveil, soit de se fondre dans
le Tao, dans l'Unité, soit de belles théories qu'ils voulaient siennes.
Pourtant, précédemment, tout au fond de lui, ces conceptions in-
tellectualisées n'éveillaient qu'un profond écho, sourd et inconnu.

Mais cette fois-ci, concrètement, une partie de « lui » s'est échappée, et la chape lourde de son individuation s'est fissurée à un en-
droit. Un peu comme un barrage trop plein qui se fêle, laissant
échapper un filet d'eau – *qui rejoint à cet instant « sa mer d'origine » :*
lequel des deux rejoint l'autre ?

Mais ce filet d'eau a la saveur d'un raz-de-marée.

Ce qui est évoqué avec une transparence étonnante pour « qui sait le
lire » dans :

« Je suis le Tout. Le Tout est sorti de moi, et le Tout est parvenu à
moi » Th 77 Ou dans :

« ...Lorsque vous ferez des deux un, et que vous ferez de l'intérieur
comme l'extérieur, et l'extérieur comme l'intérieur..., c'est alors que
vous entrerez dans le royaume. » Th. 22

« Il rend le monde intérieur et extérieur comme un tout indivi-
sible » Kabir

Ce que l'on retrouve dans le Taoïsme qui a une approche du souffle à
travers quatre niveaux. On peut résumer celle-ci par :

« Raffiner la « vitalité » en souffle – le jing en Qi –, raffiner le souffle
en esprit – le Qi en shen –, raffiner l'esprit en ouverture – le souffle
extérieur, Qi interne rejoint le Qi externe, « l'esprit s'ouvre » – pour
fusionner avec le Tao. »

De ces abstractions qu'il avait vues développer des milliers de
fois :

— d'une manière analytique, en laissant croire que l'ineffable
pouvait être démontré.

— d'une manière torturée, en employant tous les clichés et
stéréotypes pour faire entendre l'inexprimable.

Le Cherchant trouve à cet instant, une amorce de la Connaissance qui chasse le Savoir longuement accumulé. Il se rend compte ainsi que tout est beaucoup plus simple, plus naturel, que ce qui avait pu lui être décrit précédemment.

Cette « partie » de lui qui s'est échappée n'est pas un acte miraculeux comme trop souvent on a pu lui faire croire. Ce n'est ni un mot, ni un texte, ni une remarque, ni un lieu remarquable, ni une rencontre exceptionnelle, ni un geste ou une prière, qui a agi. Si ce n'était que cela, les lecteurs des textes sacrés chrétiens, juifs, bouddhistes, hindouistes, les lecteurs de Koan, les « Priants » de toutes religions, les adeptes de tout Art authentique, auraient tous accès sans exception à la même expérience.

Ce n'est pas non plus l'Éveil tel qu'on a pu lui décrire, soit une ouverture de conscience destinée uniquement à des hommes d'exception – *sachant que la perte de son individualité qui se noie dans l'indivisibilité ne peut être par le fait qu'un état passagé ; alors que penser des Éveillés constants ?*

Non, plutôt une expérience des plus simples liée à son propre effacement ! Mais il ressent qu'un nouvel « état d'Être » est apparu en lui, fruit de cette union bouleversante.

Cette perception inconnue va progressivement tout lui faire remettre en question.

Première constatation, la plus importante et la plus troublante, c'est que ce n'est pas « le Moi » qui l'avait voulu. Cela s'est passé, autre chose l'a décidé. Il s'est, pour une fois, relié à son Être essentiel.

Il ne peut, devant l'évidence, qu'admettre que sa volonté, son Ego, ne pouvait commander dans ce domaine. Il conçoit enfin qu'il y a un élément caché en lui qui est le lien de la Connaissance, qui est relié avec le Divin, avec l'Universel, avec le Un, avec le Tao, et que ce lien n'obéit pas à ses injonctions.

Ce qui est évoqué dans :

« ...et à celui qui frappe on ouvrira » Th 94

« Qui va vers le Tao, le Tao l'accueille » Tao te King XXIII

Ce jour-là, cet élément caché s'est dévoilé pour partie, brisant la barrière de sa Raison qui séparait «le soi» et «le hors de soi». Il a montré qu'il était le seul Maître; le «Maître intérieur».

Le plus surprenant pour lui, c'est que cette relative perméabilité est restée. Comme si cette Union avait transformé son perceptif, créant par son action un sens nouveau.

Conséquence, une perception «sensible» accrue qui modifie sa relation avec ce qui l'entoure, rendant «tangible» toute chose comme la nature, les objets, les sons perçus et autres.

Mais cela ne serait que performance sans grand intérêt, si un phénomène encore plus étrange n'était pas apparu.

Il se souvient que lors de cette «ouverture», il a pu percevoir que son «souffle interne» devenu «conscience / perception», a rejoint pour partie le «souffle indivis», celui universel. Pour lui, son «Esprit» fait maintenant partie d'un ensemble indissociable. Son «Âme souffle» s'est ainsi reliée pour «un instant éternel» à son Esprit, partie de l'universel.

«.... de réunir toutes choses en Christ, celles qui sont dans les cieux et celles qui sont sur la terre. » Épître de Paul Éphésien Ch. 10 V. 10.

Soit dit de manières différentes :

« Le Tao créa le Un, le Un créa le deux, le deux créa le trois, le trois créa dix mille choses » Lao Tseu

« Le Un lui-même est toutes chose – Toutes choses, elles-mêmes sont le Un » Maître Sosan

« Car beaucoup de premiers se feront derniers, et ils seront Un » Th 4

« Quand il sera réduit à l'Unité, il sera rempli de lumière ; mais tant qu'il sera divisé, il sera rempli de ténèbres. » Th 62

« Un avec l'Un, un de l'Un, un dans l'Un et dans l'Un, un éternellement » Maître Eckart

« Tout est dépendant d'un seul, et cet Un est Tout » Hermès

« Je suis en tout, tout est en moi » Kabîr

C'est cette « Âme-souffle » qui peut le relier, puis le fondre avec le Tout, avec le Divin, avec le Tao, avec l'inexprimable.

À partir d'un certain stade, le souffle est guidé par l'Esprit, le souffle est Esprit. Kabîr dit : « Écoute-moi, Ô frère Sâdhu, Il est le souffle des souffles ! »

Lao tseu : « Le souffle indifférencié constitue son harmonie » - Tao.

Mais il le sait, il ne s'agit pas d'un acte de volonté. À tel point, que cette « ouverture » ne peut se produire que « lorsqu'il s'oublie », non pas un lâcher-prise mental, mais bien un effacement de soi, de « sa propre présence ».

À propos de la mode contemporaine du « lâcher prise », de la « pleine conscience », de la « conscience pure », de la « Vacuité », etc., il faut savoir qu'à juste titre, le bouddhisme Chan tourne en dérision ces images surfaites. En effet, « ne pas penser » peut être un conseil utile, mais la « non pensée » sans le travail d'un outil permettant de conduire sa conscience / perception, de produire une « transmutation » du souffle divis vers celui indivis - pneuma, « conscience perceptive » - ne peut produire qu'« une vacuité idiote[1] ».

Cela peut être lors d'un moment de « désenchantement », qui avec le recul correspond plutôt à une prise de conscience partielle de la vérité. Vérité qui fait considérer l'insignifiance de l'homme, l'insignifiance de sa prétention, l'insignifiance de sa quête qui, naturellement, trouvera sa réponse dans le chaos final ; impermanence de toute chose et illusion totale – *il ne s'agit pas là d'un raisonnement, mais d'un état.*

« Soyez passant » Th 42

Alors à cet instant, sa volonté d'atteindre une autre dimension, qui a comme origine inconsciente le souhait d'être supérieur et différent des autres, tombe enfin. Son « esprit pierre », celui qui délimitait son individuation, celui qui le freinait sans qu'il le soupçonne, se délite progressivement, et par cette brèche l'Être essentiel peut enfin s'éveiller.

---

1. Dalaï-Lama et Chan Sheng Yen, *Au cœur de l'éveil*, Lattés, 2005.

Le Cherchant a appris ainsi que c'était lui, cet «esprit pierre» qui s'oppose à son propre accomplissement. Il est conscient maintenant que cet «esprit pierre» ne le quitte pas lorsqu'il œuvre dans un groupe quelconque, religieux ou initiatique, lorsqu'il s'applique à agir avec la plus grande humilité, lorsqu'il veut s'inspirer des œuvres sacrées, ou travailler le mieux possible les outils de la Tradition. C'est cet «esprit pierre» qui traduit sa volonté de paraître ou d'obtenir. Il lui devient alors évident que cet «état d'Être» était à l'origine de sa séparation d'avec l'«Autre», soit le produit de son égocentrisme. Préalablement, comme la plupart des Cherchants, il se disait que cela ne pouvait être son cas, mais ce refus inflexible était, lui aussi, la marque de cet «esprit pierre».

Mais dorénavant rien ne sera simple, il le devine. La conscience de cette «présence» entêtante est si difficile à réduire pour permettre l'ouverture d'une brèche, que la dissoudre ne peut être que l'exception. Ainsi, il devra centrer son combat sur le seul ennemi à vaincre, qui est encore une partie de lui-même.

> *Dans toutes les traditions, qu'elles soient d'Occident, d'Orient, d'Extrême Orient, il y a un symbole universel que l'on retrouve, celui-ci est le miroir. Il est le plus grand ennemi que l'on a à combattre.*
> *Qui est-il ?*
> *Pour cela, il suffit de regarder le miroir !*

Il devra le faire, non plus comme au début, de façon «grossière» par l'effort constant à produire, et par la volonté rigide qui l'accompagne.

Mais d'une manière subtile, où les repères initiaux sont trompeurs, où sa propre présence mentale peut représenter le fardeau le plus handicapant.

En conséquence il sait :

— devoir oublier les théories entêtantes,

— devoir travailler d'une manière douce et légère comme la brise du matin,

— devoir laisser l'intuitif, le naturel, s'exprimer, Et surtout :

— ne plus vouloir chercher à comprendre, mais se détacher,

— ne plus vouloir guider, mais se laisser guider par «autre chose», par l'Autre.

Alors, en fonction, tout ce qui est structure devient carcan.

— Carcan, la structure de toute institution, «expression de l'Esprit pierre».

— Carcan, la tenue vestimentaire, l'aspect représentatif de tout groupuscule; cela lui paraît déguisements infantiles favorables au jeu de rôles.

— Carcan, les clichés, les représentations, les œuvres, qui se veulent expression d'un niveau exceptionnel.

— Carcan les images, les aspects, les outils modélisés, qui délimitent les frontières d'une œuvre inachevée, parce qu'artificielle.

— Carcan la définition parce que définition.

Ce détachement de toute formalisation est ressenti comme un havre de paix, d'amour, d'union. C'est enfin ce qui lui permet de se reposer, de retrouver une détente réelle, un bien-être, un bien Être certain.

Enfin, «il se retrouve». Non pas dans le sens «retrouver son petit soi», ce qui serait sans trop d'intérêt, mais qui correspond plutôt à la rémanence de la perception qui lui a permis «de se fondre dans l'ensemble».

Il peut enfin comprendre pourquoi cette fusion n'est pas négation, mais expansion infinie, expansion physique et mentale, qui s'évanouit pour ne laisser place qu'à l'extase souhaitée. Il le pressent, il le ressent intuitivement, mais le frein, la barrière de son «esprit pierre» l'en empêche encore, et cela même si cette dernière s'est estompée pour partie.

Pour ces raisons, pour cette raison, il se libère de toute structure rigide et aliénante, même si cette décision doit l'éloigner de personnes chères.

Dans cet élan, il se dépouille de tout objectif égocentrique, comme les nombreux hochets gratifiants et attirants offerts à l'homme commun, qu'ils soient enfer, paradis, vies futures, Sagesse, Éveil et autres dimensions promises.

Ce qui n'est pas sans rappeler :

> *« Si ceux qui vous guident vous disent : Voici le Royaume est dans le ciel, alors les oiseaux du ciel vous devanceront, s'ils vous disent qu'il est dans la mer, alors les poissons vous devanceront. Mais le Royaume est à l'intérieur de vous, et il est à l'extérieur de vous... »* Th 3

> *« Ciel et enfer n'existent que pour les ignorants, mais ceux qui connaissent Dieu n'y prennent aucune part »* Kabîr

Cela lui permet de se rendre compte consécutivement que la liste des pièges de séduction est bien plus longue qu'il ne croyait, et qu'en fonction il se doit de ne pas négliger dans celle-ci :

— le bonheur, le mieux-être, ou bien les promesses égocentrées de toute nature,

— les pseudopouvoirs et capacités promises, tels ceux de guérir ou d'accomplir des pseudos miracles,

— les grades, les titres, les préséances, les mises en valeur diverses, et toutes les gratifications de toutes sortes.

Tous ces miroirs aux alouettes pour « accomplis avertis », qui pensant avoir passé le cap de l'illusion se font reprendre par les pièges initiaux.

Il se rend compte que tous ces leurres sont de « vaines illusions qui disparaîtront avec la mort de l'illusionniste ». Mais surtout, ils représentent le danger de retomber dans les mailles du filet, soit de durcir à nouveau son Esprit, et donc de stagner.

En fonction, il sait maintenant qu'il faut :

— pratiquer sans vouloir obtenir quelque chose de défini, sans vouloir acquérir de preuves ni de récompenses. Le faire simplement parce qu'il a Foi dans l'Union recherchée, dans la Fusion promise. Le reste est superfétatoire, inconsistant, sans importance.

— pratiquer en oubliant la théorie des outils utilisés qui, utile au départ, ne correspond plus à la spontanéité de l'attitude, de la parole, du geste - *soit de l'Esprit.*

— pratiquer en abandonnant l'utilisation définie du mental qui, avec le temps, a donné le « souffle », pour permettre à ce dernier d'être « libre » de toute attache et ainsi de rejoindre l'extérieur, le Tout, le Divin.

En un mot, seul compte désormais l'« état d'Esprit juste », soit l'« état d'Âme ».

Mais combien est difficile le chemin !

Comme ce n'est pas « le soi » qui décide de son accomplissement futur, il y aura « des jours avec, des jours sans », il le pressent.

En fonction, il est nécessaire pour lui de prendre en compte :

— les personnes qu'il côtoie.

Tout comme l'allégorie du drap qui, posé sur le fumier ou sur des fleurs, prend leur odeur, le mimétisme animal agit tout autant sur l'homme.

— ses principes de vie.

Tout comme l'initié passe de la morale dogmatique à l'éthique qui contrairement à certaines définitions ne doit pas être une « science de la morale », mais plutôt « un Art de diriger sa conduite ». Cependant, faut-il encore préciser que l'Art n'est pas « un savoir-faire », mais bien « l'expression d'un état d'accomplissement spirituel ».

L'objectif lointain est d'arriver à la Vertu, fruit d'un état d'Âme, d'un état sensible.

À partir de cet état qu'il perçoit, un acte moral ne se fera plus en prenant en considération la morale religieuse, ou la bien-pensance sociétale, mais bien parce que de manière sensible il en éprouvera la nécessité.

Ainsi, il ressent que sa propre notion du « Mal » ne sera plus dépendante de :

— la loi religieuse et/ou la société qui l'interdit - *et qui menace* - : niveau de l'homme ordinaire.

— son propre profit qui en dépend - *enfer-paradis, vie future, hochet:* première étape.

— la discipline de son courant de pensée qui le lui dicte - *ascèse-:* deuxième étape. Mais bien parce que de manière sensible et naturelle, le « mal » ressenti par l'autre sera le sien. Illusion? Non, parce que cela ne sera qu'un état sensible retrouvé.

Confucius, cinq siècles av. J.-C. précisait: « Ne fais pas aux autres ce que tu n'aimerais pas qu'on t'inflige. »

Comme toujours, d'aucuns lui diront, que cette approche est erronée ou d'un niveau bien bas, car les canons de l'Illumination qu'ils ont lus indiquaient que « L'Éveil est le départ de la souffrance!», ou «Que ce n'est pas la souffrance qui part, mais l'homme qui souffre!».

Là encore, il retrouvera les définitions toutes faites qui sont devenues «l'uniforme» de la pensée pour certains. Bien sûr, il est certainement vrai que les opposés se rejoignent, que le Bien et le Mal sont des perceptions de l'homme, que dans l'Univers il n'y a aucune dualité puisque Unité.

Dans l'absolu certainement, mais la dimension d'homme n'est pas l'absolu, la souffrance reste une réalité sensible. Se croire situé dans une bulle d'absolu durant son vivant, s'identifiant ainsi à des références livresques, ne peut à ses yeux qu'être encore un acte résultant d'un aveuglement dû à l'égocentrisme.

Le fait de passer de la compassion à l'empathie est lié au degré de l'évolution sensible de l'individu. Il a pu expérimenter que plus il réussissait à faire abstraction de sa «petite personne», plus son empathie se développait. Et de fait, plus l'Ego était présent, plus son empathie était faible, et sa compassion définition intellectuelle conséquence de son éducation.

Il est tout autant possible d'accepter l'idée que l'homme qui a transcendé sa nature humaine, «tout simplement», serait capable de revêtir l'état d'homme commun ponctuellement et de vivre une souffrance que pour lui-même il a perdue. Qualité paraissant invrai-

semblable, celle de l'Amour - union / fusion - dont seuls seraient capables Jésus, Bouddha et quelques rares élus.

C'est pourquoi il lui paraît souhaitable de ne rien ranger dans des tiroirs, du type: «Dieu est ainsi et non pas ceci» ou «l'Éveil est cela, le non-Éveil est l'inverse» ou bien «le Tao est ce que je décris».

Le paradoxe est la vérité à partir d'une certaine étape. Et conséquence du fruit de cette évolution, le dualisme opposition doit laisser place au dualisme, non pas Unité - *ou suppression du dualisme -,* du moins pas encore, mais au «non dual» dont l'association des oppositions provoque la rupture de l'analyse binaire.

Pour approcher cette notion, il se rapproche une nouvelle fois de la notion d'Amour – *l'Amour qui est le souhait de sortir de soi, de faire Un avec l'autre.*

L'amour qui est le plus souvent présenté comme positif, comme «le Bien», peut cependant avoir une action négative. L'amour exclusif, l'amour oppressant, peut devenir violence, meurtre soit «le Mal». Pourtant la notion d'Unicité, d'Amour initial, existe dans les deux cas.

Il s'aperçoit que le sentiment initial est le même, cependant sa manifestation peut présenter des faces opposées.

Dans quelle boîte faut-il classer l'Amour? L'Amour est.

Seule la notion de non-attachement qui n'est pas, elle non plus, le fait de se détacher des autres, mais bien celle de se libérer des illusions attachées à l'Amour, permet de trouver une dimension uniquement positive à ce sentiment.

Mais c'est encore un aboutissement.

Ce non-jugement initial lui permet d'appliquer ce principe à toute notion, comme par exemple:

— le feu: bon – mauvais, lumière – brûlure, vie – mort. Le feu est.

— la mort: fusion – séparation, délivrance – douleur, infinie – fin. La mort est.

Principe applicable à toute chose...

Ce Cherchant, qui avance sur le chemin, cherche régulièrement à retrouver le champ de conscience vécu, avec comme point de repère l'empreinte qui est restée en lui.

Cette expérience vécue lui a permis de découvrir que la vérité est en lui.

Que personne ne pourra lui apporter celle-ci, à l'exception de l'«Autre», de l'Être Essentiel, du Divin, qui est en chacun de nous!

Contrairement à ce que l'on avait souvent voulu lui faire croire, le chemin d'une vraie spiritualité ne conduit pas l'homme à se distinguer. Bien au contraire, consécutivement, un seul souhait apparaît en lui, celui de se fondre parmi ses semblables, de ne pas paraître, de ne pas se différencier, de ne pas vouloir exposer sa pratique, sa quête, pour surtout ne pas réintégrer son état premier – *les moines de toute religion appliquent ce principe - du moins presque.*

Le Cherchant devine que son accomplissement est fragile tant que la fusion ne sera pas atteinte. Il n'est ni un Éveillé, ni un Parfait, ni un Saint, étiquettes qui sont devenus pour lui des images d'Épinal pour profanes.

En fonction, il se défend de revêtir:

— l'uniforme physique de «l'homme de Foi», de l'«Éveillé», du Sage – *qui apparaît en première de couverture dans de belles postures ou avec le sourire de circonstance.*

Comment rejoindre Dieu, l'Un, le Tao, comment le faire, si la volonté de se distinguer du commun dans la vie de tous les jours reste en soi?

«Il est le plus grand parce qu'il est le plus humble», disait-on de Jésus.

«Il se détourne des excès communs à tous les hommes», disait Lao Tseu.

— l'«uniforme mental» stéréotypé de «l'homme de Foi», de «l'Éveillé», du Sage – *qui reste imperturbable devant les grands événements de la vie, qui pardonne tout à toute personne, qui développe des stéréotypes de sagesse.*

Comment cultiver son être sensible avec cette attitude aseptisée? L'épisode de Jésus chassant les marchands du Temple est un bon exemple.

« Ayant fait un fouet avec des cordes, il les chassa du temple... Il dispersa la monnaie et renversa les tables. » Jn 14-22

Bien évidemment, cette allégorie signifie chasser de son temple intérieur, sa propre cupidité et s'éloigner de ceux qui en sont porteurs, mais avec vitalité et détermination.

Même Gandhi, apôtre de la non-violence, précisait que « la spiritualité demande une intrépidité sans faille », et que « les couards ne peuvent satisfaire à une morale ».

Dorénavant, Il saura être discret et se laissera guider par son intuitif, en prenant garde que l'animal agonisant qui est en lui ne reprenne pas trop de forces.

La troisième étape du chemin du Cherchant s'amorce enfin.

À quoi aboutira-t-elle ?

Quel est le profil de celui qui l'a accompli ? Nous n'aurons pas la prétention d'y répondre.

Et surtout, nous ne ferons pas, comme trop souvent on peut le lire, un syncrétisme des clichés qui ont déjà été écrits sous tous les cieux par ceux qui n'avaient pas toujours l'expérience requise.

Contentons-nous de rappeler ce qui est un Secret au sein de nombreuses Traditions. Cette « dernière » étape ne peut être franchie sans redevenir un homme ordinaire.

Homme dont la sublimation intestine s'opère progressivement, mais qui n'a qu'un désir consécutif, celui de se fondre dans l'ensemble. Le Cherchant accompli se noie ainsi dans l'ensemble sociétale, en supprimant de fait tout particularisme – *tout comme le moine se fond dans sa communauté pour supprimer toute expression de son ego.* Le conditionnement aliénant reçu n'est plus alors qu'un masque volontaire destiné à la société, et l'état d'Âme qui s'éveille en lui devient son seul guide spirituel.

Ce n'est pas sans rappeler les sept ans d'ascèse du Bouddha qui, se rendant compte que celle-ci est encore le fruit de l'ego, décide de s'éloigner de ce type de mortifications qui ne peut que s'opposer à sa Paix intérieure, et quitte ses Maîtres. Ce ne fut qu'ensuite, après avoir recouvré ses forces perdues grâce à une nourriture abondante, et après avoir repris l'aspect de l'homme ordinaire, qu'il peut à travers la méditation avoir l'Illumination.

Il serait intéressant de connaître la période de vie de Jésus qui est restée dans l'ombre, celle des esséniens connus pour leur ascétisme, pour faire le parallèle avec cette allégorie.

La question que l'on peut se poser est :

« Pourquoi ce niveau de travail est-il resté dans l'ombre ? »

La réponse évidente est que trop rapidement, soit beaucoup trop tôt, le Cherchant en herbe reprendrait son habit d'homme ordinaire. Mais l'état n'étant pas présent, son « naturel » ne permettrait jamais à son Être essentiel de s'exprimer.

Précisons aussi qu'arrivé à ce stade, il devient possible de comprendre pourquoi l'Outil n'est pas sacré en lui-même, et ce, contrairement aux affirmations si souvent rencontrées. Tout culte de l'Outil est à bannir.

C'est l'Œuvre qui est sacrée ; l'outil et le pratiquant sont à oublier. C'est ce que doit retenir le Cherchant à cette étape.

L'Outil produit l'« Âme-souffle » pour que l'« Âme-Esprit » puisse jaillir. L'importance que l'on donne au reste, à ce qui entoure la quête n'est que « hochet ». Le « hochet » permet à la Tradition d'attirer l'attention du profane, et en parallèle, la dimension ésotérique reste dans l'ombre. Mais certains profanes devenus Cherchants réussissent à discerner quelques éclats de lumière dans cette obscurité et ainsi trouver le chemin « juste ».

C'est pourquoi la première humilité à avoir est de se dire qu'on ne sait pas, qu'on ne sait rien. Il faut ouvrir sa Raison à toutes les hypothèses, ce qui permet de ne mettre aucun frein à son inconscient. Ce qui, évidemment, ne doit pas conduire à la crédulité, mais plutôt de conserver un esprit ouvert à toute possibilité, sachant que l'expérience viendra un jour infirmer ou confirmer celle-ci. Tout comme le subjectif de votre mental fait croire en l'individuation, corporel et spirituel, celui-ci peut occulter la conscience du Cherchant de tout ce qui l'entoure.

De plus, il est à souligner que l'expérience d'une ouverture de «son champ de conscience» permet d'effacer ses certitudes sur de nombreux points :

— sur l'action de la «pensée Âme/Esprit» sur notre environnement, sur les autres, sur soi,

— et donc de l'action de la prière,

— mais aussi malheureusement sur l'action de la pensée sur «l'œuvre au Noir»,

— sur l'importance de la vie des autres espèces par rapport à la nôtre, de leur relation, de leur dépendance, de notre dépendance, de l'interdépendance universelle. Mais sur ce point, une fois encore, il est nécessaire de rejeter tout «jeu de rôle» possible, seule l'empathie, fille de l'état d'Âme, doit être le gouvernail de sa conduite. Empathie qui permet de comprendre que le «non-attachement» ne doit concerner que le rejet des valeurs illusoires, matérielles.

Le Cherchant se trouve alors au centre d'une perception difficile. Celle de la souffrance universelle, celle de l'Homme capable du meilleur, mais aussi et surtout du pire, envers ses semblables ainsi que de tout ce qui l'entoure, animaux, insectes, nature. Sans oublier le macrocosme environnemental, où chaque espèce se nourrit du plus faible, à chaque instant, sans repos d'aucune sorte.

Bien sûr, par opposition un lever de soleil est merveilleux, le rire d'un enfant enchanteur, tout comme les yeux de son chien.

Nous retrouvons ici le symbole de la croix, où l'homme «réveillé» se trouve écartelé entre la verticalité - soit une notion d'absolu-, et l'horizontalité - soit sa condition d'homme toute relative. Faut-il comprendre là les dernières paroles de Jésus: «Mon Dieu, pourquoi m'as-tu abandonné?»

Ce discernement sans concession permet de comprendre pourquoi les grands courants religieux ont construit un conditionnement de l'homme commun, car comme tout un chacun peut le vérifier, ce dernier n'a pas la faculté d'empathie ou de compassion requise pour se passer du dogme, de la loi. Les exemples sont légion, et ce malgré les contraintes juridiques et les lois morales, et il semble impossible de pouvoir en effectuer une liste exhaustive.

Même là où la religion s'érige, la superstition de l'homme commun rejaillit.

Au lieu de rechercher l'aspect ésotérique contenu, l'homme va vénérer les autorités, toucher la pierre, boire l'eau, embrasser l'idole, dans un amalgame non maîtrisé.

Toutefois, chez le Cherchant éprouvé le constat de cette tragi-comédie n'a pas une incidence négative. Bien au contraire, elle active en lui la nécessité de se baigner régulièrement en conscience dans cette harmonie universelle qu'il pressent intimement à chaque fois qu'il œuvre. Cette harmonie où tout est suspendu dans l'unicité, hors du temps et de toute individualité. Il souhaite alors que l'immersion totale puisse se produire un jour, et rejoindre ainsi pour un moment éternel l'ineffable. S'extraire de sa condition relative devient vitale, paradoxe par excellence.

État sensible qui ne peut que renforcer l'élan intérieur le long de cette dernière étape.

LE TRAVAIL OPÉRATIF

Rappelons en préambule ce que nous classons sous l'appellation « Outils opératifs ».

Ce sont à la fois, les méthodes, les procédés, les exercices, les disciplines, qui ont comme objectif de permettre à l'homme d'accéder à une certaine connaissance, celle dite spirituelle. Par « connaissance », nous entendons le fruit d'une « expérience sensible » permettant d'élargir son champ de conscience, sa perception, dans « une dimension » que ses cinq sens, sa Raison, son esprit du moment, son inconscient, la science, ne peuvent appréhender. Cette « dimension », que l'on ne peut définir, est souvent exprimée par des expressions symboliques qui peuvent être du type : Dieu, le Seigneur, le Père, le Divin, l'Alpha et l'Omega, le Grand Architecte, le Tao, l'Unité, le Tout, l'Ineffable, l'indicible…

Ces Outils sont issus de la Tradition primordiale, celle qui vient de la « nuit des temps », époque où l'Homme avait encore une relation intime avec l'indéfinissable. Les différentes traditions religieuses, initiatiques, sont porteuses de certaines de ces survivances qui souvent, selon leur origine, d'Occident, d'Orient ou d'Extrême-Orient, ont une apparence différente, mais dont le travail de fond est identique.

De plus, point déjà souligné, une donnée essentielle est à se remémorer.

Tous ces Outils ont la plupart du temps deux faces. Celle dite exotérique, connue par tout un chacun, faite pour les profanes, et l'autre dite ésotérique, « cachée », destinée aux hommes en Quête. La différence tient au « Savoir-faire », soit à l'application des principes à utiliser pour leur emploi, aux règles permettant un apprentissage progressif des méthodes, procédés, et exercices.

Le processus d'évolution d'une quête authentique passe obligatoirement par l'utilisation «juste» de ces Outils, comme nous l'avons déjà précisé. À cette fin, pour obtenir la compétence utile, le Cherchant se doit de trouver un Maître de la Tradition, soit un Cherchant d'expérience qui saura l'initier à l'apprentissage progressif du Savoir-faire. Ensuite, *point de détail* à ne pas négliger, il faudra que ce Maître perçoive chez le postulant les qualités requises pour recevoir son enseignement – *ce que nous aborderons ultérieurement.*

Enfin, si c'est le cas, il faut savoir que cet initiateur tiendra compte du degré de réalisation de l'impétrant, de manière à lui communiquer le niveau d'apprentissage compatible avec son «champ de conscience» du moment.

Par ailleurs, il est à préciser qu'une union subtile se crée au fur et à mesure entre l'homme et l'Outil lors du travail réalisé; on peut parler de synergie. Pour ce faire, une mise en phase de l'esprit de l'utilisateur et du procédé appliqué est indispensable.

Ce sont les raisons essentielles qui justifient le principe de secret qui entoure les différents degrés d'initiation.

En effet, l'homme, inconsciemment, appréhende l'aspect éphémère de sa condition, et de ce fait est dans la fébrilité d'obtenir ce qu'il souhaite. De plus, à ne pas oublier, tout individu, même Cherchant, possède une inclination naturelle à l'égocentrisme, ce qui le pousse à se surestimer.

Pour ces raisons, le Maître – *que l'on devrait plutôt appeler «Celui qui est devant» sur le chemin, le Guide* – se doit de donner au «compte-gouttes» chaque étape de la progression souhaitable. Car, notion à souligner, une initiation à l'Outil qui n'est pas en adéquation avec son utilisateur se montrera totalement inopérante.

> *La question que tout profane se pose à un moment donné est la suivante: «Comment reconnaître un Maître authentique?»*
> *La réponse est: «impossible».*
> *Impossible, car la qualité d'un Maître authentique est tellement subtile que l'homme en quête, qui n'a pas encore un stade d'accomplis-*

sement « suffisant », ne peut le percevoir.

Cependant, il est possible d'éliminer les imposteurs – conscients ou inconscients de l'être – les moins subtils par l'application du crible suivant :

— Premier critère :

Le Maître n'est pas cupide. Votre relation avec lui n'est pas astreinte à des éléments financiers ou d'intérêt divers ; pouvoir, influence, sexe, image, etc.

— Deuxième critère :

Celui-ci n'a pas une volonté médiatique. Il ne se fait pas prendre en photo dans des poses valorisantes, ne vante pas ses qualités dans les médias, ne recherche pas les honneurs et les récompenses.

— Troisième critère :

Celui-ci n'agite pas sans arrêt les hochets de son école, ne promet pas des félicités, du Bonheur pour tout de suite et une après vie de rêve, des performances diverses, etc.

Les Maîtres authentiques seraient donc très peu nombreux...

Vous avez remarqué que nous n'avons pas cité le critère souvent retenu par les associations anti-sectes : « qu'il n'influence pas votre vie familiale. »

Posez-vous la question : « Comment une quête spirituelle pourrait-elle être sans influence sur la vie privée ? »

Nous allons aborder dans ce qui suit les Outils les plus communs, et leurs modes opératoires liés aux étapes symboliques précédemment citées.

LA PRIÈRE

La prière est certainement, pour l'homme, l'acte le plus instinctif lorsqu'il souhaite se relier à Dieu, à une Divinité, au Tao, au Tout – *que nous appellerons dans ce chapitre, le Divin.* Et par conséquent, c'est l'Outil le plus partagé par les traditions religieuses et initiatiques.

La prière de l'homme commun, lorsqu'elle est dans le cadre d'une structure, est formelle tant sur le plan de l'expression que de la forme.

La plupart du temps, cet acte se fait plus pour le respect d'un rite appris et reproduit, que pour répondre à une «soif» intérieure..

> *Nous entendons par soif intérieure, nécessitée ressentie au plus profond de soi, et non obtention d'acquis du type : mieux-être, acquis matériels, vie future, pouvoirs de toutes sortes – qui sont, rappelons-le, des hochets destinés au profane.*

Le Divin que l'on prie est une abstraction omniprésente; à ce stade elle est récitation.

Le Divin que l'on prie, Dieu, le Père, Bouddha, la divinité, le saint, l'entité sont la personnification de cette abstraction qui est ainsi omnipotente et ineffable – *paradoxe par excellence.*

La prière du profane peut être définie comme action voulue par la Raison, dans l'espoir que cette action produise un effet, soit sur son destin, soit sur son Esprit. Le Rite a ses raisons que la Raison comprend, et qui motive le «priant».

Ainsi, la prière est considérée par le profane comme une formule magique et rituelle, performative – *soit qui réalise une action par le fait de sa formulation.*

Celle-ci est formelle et varie selon les différents courants religieux. Elle est formule incantatoire.

La prière du Cherchant qui débute sa quête, est Rite et discipline d'un courant religieux initiatique.

Il prie parce que l'acte de prier «juste» lui permet de faire tomber son mental et de toucher son «Profond[1]», soit l'«Autre» qui est en soi.

La forme est sacralisée, le geste et la parole sont discipline. La prière participe à la création du «souffle Âme / Esprit». Elle est début de communion.

Le Divin que l'on prie est à l'intérieur de soi et à l'extérieur de soi; il est immanence qui doit conduire à la transcendance. Il est pressenti.

Elle est animation du «Profond».

La prière du Cherchant accompli est «Âme-Esprit».

Elle est «état d'Âme», communion proche de la fusion.

Elle est la forme et la non-forme, la forme devenant humilité et abstraction de soi.

Rappelons que Jésus priait « sans forme » :

— à genoux (Luc 22 41)

— face contre terre (Mat 26 39)

— en levant les yeux (Marc 7 34 Jean 11 41)

— en tressaillant (Luc 10 21)

Le Divin que l'on prie est «communion» – *soit se relier avec, puis un jour se fondre dans le Tout.*

Il est ressenti - *pressenti* - mais pas encore vécu. Elle est émanation de «l'Être essentiel».

Synthèse bien pauvre par rapport à la réalité, mais qui permet d'approcher l'évolution possible d'un priant.

La prière d'un homme désespéré permet d'établir une « relation » de qualité bien supérieure à toute approche rituelle, même de haut niveau, l'« état d'Âme » étant atteint spontanément.

« Heureux l'homme qui a connu l'épreuve, car il a trouvé la Vie. » TH 58

---

1. L'auteur signifie par «Profond», la dimension spirituelle transcendante cachée en chaque homme, à différencier du «profond», les cerveaux limbiques ou reptiliens soit l'inconscient.

La plus grande qualité de la prière est l'acception de l'état d'effacement.

Dans toutes les traditions, le priant se soumet à la volonté d'« autre
chose » : le Divin, ordre cosmique, ordre inexprimable et indéfinissable. Et de par cet état, l'homme a la possibilité d'appréhender sa
condition, son impermanence, son illusion.

Toute l'attitude formelle de la prière repose sur cette notion.

L'homme, qu'il se tienne debout, qu'il se mette à genoux ou qu'il
s'allonge, se dissout dans l'union recherchée, l'« esprit pierre » se
désagrégeant ainsi.

Toute l'intention de l'Être est dirigée vers une direction dans l'espoir de sortir de soi pour se fondre dans le Divin, dans le Tao.

Le masque, l'ego, la Persona tombent, et la résurrection de
l'« Autre », du Divin qui est en soi, peut s'établir.

Son « souffle interne, Âme / Esprit » poussé par l'exaltation de
cette communion, peut rejoindre en conscience celui indivis.

La barrière d'individuation du priant disparaissant pour un « moment éternel », la transmutation peut s'opérer.

Exceptionnel, bien sûr !

Enfin, précisons aux hommes qui ne veulent s'incliner uniquement
devant Dieu que lors de la prière, ils se soumettent du plus
petit au plus grand, du plus humble au plus éclatant, du micro au
macro, et que leur vanité ne peut qu'être illusion.

LA MÉDITATION

Commençons par corriger une erreur des plus communes,
conséquence une fois de plus des limites de la définition.

Méditer ne signifie pas uniquement se soumettre à une longue
réflexion – *racine latine « meditari »* – soit examiner plus à fond une
idée, une réflexion, comme le précisent nos dictionnaires. Ce qui
concernerait encore la Raison et s'opposerait totalement au principe de l'Outil.

Certains courants d'aujourd'hui citent une autre racine latine tout en s'appuyant sur le sanscrit – *« méderi »* et *« madya »*-, pour arriver à la conclusion que cette discipline a comme objectif de « prendre soin du centre de son être ». L'intérêt de cette interprétation est de la rendre compréhensible par tout un chacun et surtout attractive sur le plan marketing ; ce qui est l'objectif premier de tous les « produits contemporains » liés à la méditation – *soit promettre « le mieux-être », voire « le Bonheur », la sagesse, etc.*

Cependant, pour rester dans le respect de la Tradition, nous traduirons ce vocable, par « être conduit – vers le centre » – *tout comme Karlfried Graf Dürckheim l'a traduit*[1]. On retrouve là, la non-volonté – *le vouloir sans vouloir* – de l'« Âme-Esprit ».

Il est tout aussi utile de préciser que le centre n'est pas « soi », mais bien le lien qui est en soi qui conduit vers le Divin, le Un, le Tao.

« Connais-toi toi-même et tu connaîtras l'univers et les dieux » Fronton du temple de Delphes.

Corrigeons une deuxième erreur, évidente celle-ci.

La position du corps – *soit « l'Esprit guidé et contrôlé par la sensibilité posturale de la méditation »* – n'est pas unique.

La plus commune est l'homme assis, en lotus, ou demi-lotus – *c'est l'image stéréotypée du méditant pour le profane.*

À ce propos, pour méditer, il est précisé en Orient que les paupières ne doivent pas être totalement fermées. Un « spécialiste » occidental a cru devoir préciser que c'était parce que les Orientaux s'endormaient plus facilement que nous - il fallait les surveiller. Appréciation pour le moins limitée ; la raison de cette non-fermeture des yeux est tout autre, en effet « la présence » doit progressivement être à l'intérieur et à l'extérieur du corps, les deux se rejoignant sur le plan sensible.

Il peut tout aussi bien, être debout sans bouger visiblement. Le détail des positions variant selon les écoles et les personnes.

Ou bien, être debout en déplacement. Cela concerne certaines

---

1. Hara Karlfried, Graf Dürckheim, trad. Claude Vic, Le Courrier du Livre, 1974 p 172.

marches lentes. Voire assis sur un siège, ou couché pour les hommes qui sont en faiblesse physique.

En effet, un homme paraplégique, ou avec une déformation de la colonne vertébrale, ou tout autre problème physique, peut tout autant méditer ; évidence utile à souligner....

C'est pourquoi, l'affirmation du bouddhisme Zen très connue et souvent reprise « la posture est fondamentale », ne signifie pas, comme trop souvent cela est traduit :

— que la perception sensible d'une posture définie est la notion principale à rechercher - *réveil de la conscience / perception de son intériorité, soit niveau de l'apprenti. Première étape.*

Mais plutôt que ce travail doit conduire à la perception du « souffle Âme / Esprit » en soi :

— il permet ainsi de « faire taire le réflexif » et « de s'oublier » dans la posture - *deuxième étape.*

— pour arriver enfin à « la fonte du soi et l'oubli de la posture » pour être conduit – *se fondre* – dans le « souffle indivis », dans le Tao – *troisième étape.*

Comme toujours il n'est pas souhaitable de s'arrêter au doigt qui, dans cet outil, est bien sûr la « forme » – *sans oublier l'image de soi.*

Alors que penser de ces *« maîtres »* qui démontrent d'un air grave la qualité de leur assise ?

Nous vous laissons le soin de la réponse.

— Dans le Chan - ou le Zen, ou le Tantrisme -, il est dit de :« s'asseoir sans but ». Le fait de détailler, d'analyser l'état d'Éveil, soit de définir l'Éveil, marque la volonté d'obtenir. L'Éveil devient objectif et par ce fait, l'Esprit devient « Pierre », obstacle infranchissable lors de la méditation.

La volonté d'obtenir doit s'effacer - le vouloir sans vouloir - mais le feu intérieur doit exister - paradoxe d'un état que l'on ne choisit pas.

Le méditant doit être « conduit » par l'« Élan du profond ».

— L'allégorie de Lao Tseu sur l'état d'Âme « juste » de la méditation est exemplaire de justesse :

« Moi seul je reste calmement, Sans faire aucun signe, Comme un nouveau-né Qui ne sait pas encore sourire, Pareil à quelque chose qui se suspend dans l'air »

— *Jésus, quant à lui, décrit l'état vers lequel il faut tendre dans le Logion 22 de Thomas :*

« Ces petits qui sucent le lait sont semblables à ceux qui entrent dans le Royaume »

— *En fonction, que penser des développements contemporains sophistiqués qui mêlent intellectualisme, philosophie, psychisme et (pseudo) spiritualité ?*

Chaque courant fait travailler de manière variée la méditation, mais il est possible de reconnaître dans chacune des traditions transmises une essence commune, soit la recherche du « lâcher prise ».

Cependant, si l'on souhaite sortir des banalités habituelles, ce principe, ou plutôt cet état à obtenir, nécessite une approche progressive.

Commençons par l'homme commun :

Il médite à titre de loisir ou dans un objectif « de mieux-être » : pour se détendre, comme antistress, pour échapper à son contexte, pour se ressourcer, ou pour une « spiritualité prédéfinie » – *objectifs que l'on peut comprendre.* Dans certains Arts du geste – Arts dits martiaux, Yoga, etc. – l'objectif est d'améliorer ses performances : avoir la plus belle pose, la plus démonstrative, être le plus « beau » ou bien devenir le plus fort – *soit impasses de l'égocentrisme par évidence.*

Les méthodes de méditation proposées sont diverses : travail de la respiration, réflexion sur un thème, imagination, images, attention sur un objet, intention du geste non développée, relaxation mentale, etc.

À ce propos, levons une erreur commune : la respiration physiologique peut être un Outil - exemple le Pranayama. Mais celle-ci n'est pas à confondre avec le « souffle », substance qui nous le rappelons est la matière utilisée qui évolue dans le temps en 4 étapes : solide, liquide, gazeux, et enfin éthérique, pour devenir « conscience / perception, Âme / Esprit », souffle divis vers souffle indivis - soit le Prana / Atman / Brahman. Cependant, la respiration peut être utilisée comme un « Outil » qui permet de conduire le « souffle », comme le geste, le son, etc.

Pour le Cherchant, la première étape passe par la Raison.

Dans un premier temps, il se fait un devoir de recueillir les théories existantes sur le sujet par le truchement des lectures, colloques et séminaires spécialisés. Puis, il cherche à appliquer celles-ci lors de son travail méditatif – *sachant qu'elles ne peuvent que varier selon les écoles rencontrées.* Toutefois, à un moment donné une évidence apparaît. Toutes partagent la même finalité, faire tomber le mental pour toucher l'Être essentiel, le « Profond », l'Autre qui est en soi.

Il s'aperçoit aussi que très souvent, trop souvent, il lui est précisé, et ce, dans la plupart des rencontres effectuées, que l'objectif à atteindre est le fameux « Éveil » – *qui devient « le rêve de l'endormi ».*

L'étape suivante débute lorsque le Cherchant cesse de croire à ce rêve précoce.

Cela lui permet de prendre conscience que si cette transmutation doit s'opérer un jour, elle ne pourra être que la conséquence d'un très, très long travail. Il s'investit alors dans celui-ci, sa quête devenant essentielle.

Les heures s'ajoutent aux heures de méditation, et un jour apparaît une vérité. Vérité qui concerne le travail « juste ».

Celui-ci est simplicité et sobriété.

Dès lors, il se tourne intuitivement vers une tradition parmi les plus dépouillées, qui ne promet rien sinon un travail aride sans artifice.

Il se débarrasse ainsi du superflu, de ce qui l'encombre.

Puis progressivement, le « souffle / Esprit » naît, alors celui-ci devient travail.

Le « souffle » devient palpable, substance, et le temps se fige. La volonté guide l'ascèse, mais l'« élan intérieur » se réveille.

Un jour, un instant, le début de la troisième étape a lieu.

Le travail effectué a permis la jonction du «souffle» et de l'«état d'Être». Seul cet état paraît alors au méditant, «juste».

La volonté tombe et laisse place à l'état.

L'illumination est ressentie comme une volonté égotique, soit une direction égocentrée.

Être un Éveillé ou non, cette classification ne peut que le faire sourire. Maintenant, seul l'appel du «Profond» s'exprime comme une soif insatiable qui guide le méditant.

Soi, les autres, l'Autre, l'Être essentiel disparaissent pour ne laisser qu'une présence universelle. «La Présence», celle-ci est méditation.

Quant à la fusion...

La perméabilité sensible obtenue, celle du corps et de l'Esprit, fait qu'il y a échange entre l'intérieur et l'extérieur, qu'il y a communion, mais pas encore fusion.

Le Cherchant perçoit de manière sensible que la séparation entre l'Être et l'Univers, l'Être et le Divin, n'est que subjective et peut totalement disparaître.

Mais il ressent que reste en lui une toute petite tension, un «zeste» de cet «esprit pierre». C'est celui-ci qui le retient, qui l'empêche de rejoindre et de recevoir.

Il est ainsi sur le fil du rasoir de sa propre présence, celle-ci paraît fragile, et la rupture imminente.

Il faut lâcher prise encore et encore, et peut-être que demain, après demain, cette fusion sera.

Ce n'est pas de son vouloir...

LE KOAN

Nous avons hésité à mentionner dans ce chapitre le Koan et ce, malgré sa popularité aujourd'hui.

Pour les néophytes, précisons ce que le Koan est, ou plutôt devrait être :

— c'est un échange entre un Maître et son disciple - *le plus souvent une question du Maître vers le disciple* - dont l'entendement par la seule raison est impossible.

L'objectif théorique est de réveiller l'Autre, l'Être essentiel, à travers de ce que certains appellent une «apostrophe du profond».

Prenons un des exemples les plus classiques :

— *« Quel est le bruit d'un arbre qui tombe dans une forêt vide ? »*

Ce type de question est censé produire une rupture de la raison pour toucher directement l'Être essentiel et provoquer l'Éveil.

Cela est possible – *dans un échange de « cœur à cœur », au moment ad hoc, et en fonction du sujet...*

Cependant, lorsqu'un homme prend l'habitude de ce type de question – *surtout avec l'édition d'ouvrages expliquant, décortiquant les Koan* – sa Raison, qui est loin de se laisser abuser, sait très vite fonctionner à l'inverse de la formation reçue. Un peu comme un miroir qui reflète un objet. À partir de ce moment, le Koan perd totalement de son impact sur l'intuitif, et seule la « Raison miroir » répond ; ce qui est un jeu de l'intellect.

Le moine chinois Tchao-Tchu (Joshu) répondit pour cette raison « Non ! » au koan. « Un chien a-t-il la nature de Bouddha ? » alors que la doctrine Mahayana, qu'il maîtrisait parfaitement, disait que « tous les êtres ont la nature de Bouddha ! ». Par sa réponse située en dehors de toute logique, ce Maître signifiait qu'il ne pouvait exister de doctrine, de définition, d'explication dans l'approche de l'Éveil.

Les ouvrages « expliquant » les Koan vont à l'encontre même du principe ; mais chacun aura un avis...

Enfin, il y a un élément que tout le monde semble oublier.

Cet élément est la dimension humaine. Le Koan est produit par un Maître pour son disciple. Il correspond à la fois à la relation de « cœur à cœur » des deux hommes et surtout à la sensibilité particulière de l'adepte. Le Maître exprime le Koan au moment où il perçoit la faille dans le conditionnement mental de son disciple. Cette action au moment propice, lui permet de désorganiser le mental, la Raison, la logique, pour pénétrer le « Profond[1] » et ainsi provoquer la rupture utile à l'Éveil de la conscience. Extraire le Koan de ce contexte annule sa fonction ; son efficacité ne peut exister sans la communion de deux Êtres.

Certains textes de la tradition chrétienne peuvent rejoindre les Koan extrêmes-orientaux ; citons celui de l'évangile de Thomas, exemplaire : « Soyez passant ! »

Le Koan doit agir comme un choc, comme une gifle, alors l'effet de rupture de la Raison est possible. Mais sans « le travail de fond » de la méditation en amont, il ne peut qu'être improductif.

LE MANTRA

Le Mantra est une formule sacrée, répétitive, adressée à une divinité ou à Bouddha – *sachant que le Bouddha historique précisait qu'il était « un homme comme les autres »* - ou presque...

La transmission d'un Mantra est souvent présentée à tort comme une initiation. Initiation qui, nous le rappelons, doit être une expérience vécue apportant à l'initié « l'émotion » d'un changement réel d'état de conscience. Le mantra peut être comparé à une prière.

Précisons le sens de cette affirmation.

L'homme commun croit au pouvoir « magique » du mantra et le vénère en tant que tel. Si l'on veut être positif, on peut considérer que certaines traditions utilisent ce subterfuge pour attiser l'intérêt du profane. En fonction, le récipiendaire va considérer l'objet – *le*

---

1. L'auteur signifie par « Profond », la dimension spirituelle transcendante cachée en chaque homme, à différencier du « profond », les cerveaux limbiques ou reptiliens soit l'inconscient.

Mantra – comme sacré, et par ce biais, celui du hochet, va travailler avec cet outil pour un objectif « immédiat » – *tout comme l'Abracadabra de la tradition grecque.*

Prenons l'exemple d'une citation d'un « expert » bouddhiste :

« Un mantra n'est pas une sorte de prière adressée à un être divin. Le mantra est plutôt la déité, l'illumination immédiatement manifestée ».

Non seulement, nous retrouvons dans cette définition la notion de dualisme, opposition prière-mantra, mais de plus une croyance idolâtre en l'objet.

Or l'objet, dans ce cas l'outil « le mantra », n'a de valeur que dans sa fusion avec le pratiquant, et ce dernier avec le « Tout », avec le Divin, pour que l'Œuvre puisse se produire.

Kabîr « le poète éveillé » tourne en dérision ce type d'attitude :

> *« Le perroquet répète le nom de Dieu,*
>
> *Sans rien connaître de sa grandeur ! »*

Le temps passant, soutenu par cet objectif, le profane devra progressivement transcender l'objet, l'Outil, pour devenir Cherchant, et ainsi pourra approcher l'indéfinissable, l'inexprimable – *du moins peut-on le souhaiter.*

Nous retrouvons dans les lignes qui précèdent, la confusion pour le moins commune entre le moyen et « l'objectif ».

La première étape est la compréhension par la Raison que la répétition du Mantra « occupe » le mental, permettant ainsi à l'Autre de ressortir peu ou prou.

La deuxième étape s'amorce lorsque, engendrée par le son et l'intention dirigée, la naissance du « souffle » apparaît. L'ouverture de conscience est pressentie.

La troisième a lieu lorsque le « son / souffle / Esprit » du Mantra devient le support de la communion avec le « souffle indivis » – *début du chemin vers une fusion possible.*

Le Mantra est par le fait un Outil utilisant le son comme support.

LE SON

Comme nous venons de le préciser, le Mantra fait partie des outils qui utilisent le son pour conduire le « souffle, Âme / Esprit », rejoignant là, le chant diphonique de Haute-Asie – *chant polyphonique au moyen d'un seul organe vocal-*, le Dhikr ou Zikr islamique – *répétition rythmique du nom d'Allah-*, le Japa hindou – *technique de « yoga » basée sur une très longue répétition du nom d'une divinité-*, le shi sheng chinois ou le Kiaï japonais – *travail du son « à objectif martial » –*, le Nô japonais – *à son origine-*, les chants liturgiques.

Il est à noter qu'aujourd'hui la plupart de ces techniques traditionnelles ont été détournées de leur objectif initial d'Éveil spirituel. En effet, la tendance actuelle est de les rendre agréables à l'oreille du public pour pouvoir les commercialiser et à en tirer profit – toujours les marchands du temple.

Cette volonté mercantile fait que le mode opératoire disparaît et disparaîtra peut-être à jamais, les principes essentiels de travail se perdant – comme pour beaucoup d'outils traditionnels...

Ce type de travail ne se fait pas en jouant sur les phonèmes comme trop souvent cela est exposé, mais doit rejoindre les principes des outils cités précédemment.

À savoir qu'il a comme objectif d'entraîner le « souffle / Esprit / substance » de l'intérieur vers l'extérieur, pour qu'un jour la communion, puis l'Union puisse s'opérer.

« Il rend le monde intérieur et extérieur comme un tout indivisible »
Kabir

EN CONCLUSION
DE CE CHAPITRE

En citant ces exemples, nous nous sommes attachés à illustrer ce qui ne peut qu'être expérience. Et de fait, tout développement reflétant une ou des expériences vécues ne peut reproduire qu'un pâle reflet de la réalité. Seule la pratique d'outils traditionnels sous l'enseignement de « cœur à cœur » d'un Guide peut permettre d'y avoir accès.

Toutefois, comme nous avons tenté de l'exprimer, l'essentiel à retenir est que l'essence contenue dans « le savoir-faire » de chaque outil de toute tradition authentique, sous tous les Orients, est identique.

On peut synthétiser ainsi leur rôle :

— transformer le « souffle / Âme » – *la présence de Dieu dans certaines Traditions* –, perçu graduellement en soi, en « Souffle / Esprit » pour qu'un jour, à un instant, celui-ci puisse se fondre dans le « souffle indivis » du Divin, du Tao, de…

Les moines chartreux font sept heures de prières quotidiennes.

Est-ce de la méditation ou de la prière, ou bien les deux, ou bien est-ce « seulement » une même expression du « souhait d'être conduit » ?

Souvent, les hommes se laissent prendre au piège de l'appartenance au groupe, à l'institution, expression de leur instinct d'animal grégaire, et par le fait chausse-trappe sans échappatoire.

Cet instinct non maîtrisé les conduit à penser que seule leur communauté détient La Vérité ; vérité sur l'outil, vérité sur la méthode, vérité sur l'Esprit, vérité sur l'Âme, vérité sur le Divin, vérité sur l'ineffable.

Les exemples sont on ne peut plus nombreux. Citons celui du Bouddhisme Zen, où les sectes Soto et Rinzaï s'opposent sur la définition de la méditation, alors que, comme le Cherchant sincère le découvre, la méditation juste perd, avec le temps, toute définition.

La Forme n'étant que le manteau qui recouvre l'essentiel, à quoi bon s'opposer sur celle-ci? Peut-être pour une question de nombre d'adhérents et donc de pouvoir? Cet exemple peut être reproduit par milliers; il suffit pour cela d'observer l'opposition existant entre les plus grands courants religieux, comme celle que l'on peut constater entre les plus petites obédiences. Sans oublier les luttes intestines propres à chaque institution où chacun détient la vérité de la Vérité.

C'est certainement pourquoi certains Cherchants expérimentés choisissent de n'appartenir à aucune institution, à aucun groupuscule structuré pour être sans entrave spirituelle.

LES ARTS

Pour préciser ce que nous entendons par «Art» :

— commençons par spécifier ce qu'il ne devrait pas être.

L'«Art» tel que nous l'entendons ne peut être à but lucratif. Cet objectif dicte une obligation de se conformer au goût de la société, aux modes, et contraint ainsi l'artiste à réaliser une expression conventionnelle. En conséquence, l'Art ne devrait pas être «une expression de la beauté» tel que peut le définir aujourd'hui la société.

Ainsi, l'œuvre d'un artiste peut déplaire au sujet qui n'a pas la «qualité» pour percevoir la dimension sensible exprimée, et de fait peut ne pas être reconnu par un critique comme «œuvre d'art».

L'Art n'est pas toujours l'expression d'un «savoir-faire» et donc d'un haut niveau de technicité.

L'Art n'est pas le fruit de l'intellect.

— Maintenant, spécifions ce qu'il devrait être.

L'Art est une expression de la sensibilité de l'artiste, de son intériorité. L'artiste obéit ainsi à un élan intérieur qui l'anime, qui le guide – *son inspiration ou sa Muse.*

L'Art peut être habileté, aptitude, maîtrise, dans un domaine particulier, qualités liées à son accomplissement. Cependant paradoxalement, une œuvre réalisée sans virtuosité reste de l'Art, même si celle-ci ne séduit pas le profane.

L'Art est l'émanation de l'Être essentiel à partir d'un certain stade d'accomplissement, soit une expression d'une certaine transcendance spirituelle.

L'Art est outil d'accomplissement. L'Art est le fruit de l'accomplissement.

Prenons quelques exemples.

LA POÉSIE

Un dictionnaire vous dira que la poésie est un Art du langage visant à exprimer le rythme, l'harmonie et l'image.

Comme toujours, on peut se rendre compte que la définition limite l'objet, ce qui correspond cependant à la référence même de l'éducation reçue.

Il n'est donc pas surprenant de constater que, lors de notre formation scolaire, il nous a été imposé d'interpréter, d'analyser, les vers de certains poèmes. Pour ce faire, la technique enseignée consistait à disséquer chaque mot, chaque ligne, chaque strophe, tout en tenant compte du contexte social et économique de l'époque, ainsi que de la vie et de la personnalité du poète. Et en fonction de cette analyse basée sur le binaire de la raison, la synthèse explicative du poème pouvait se faire.

On peut s'apercevoir que s'il y avait eu une volonté de supprimer l'envolée sensible du poète, il eut été difficile de faire mieux.

Cela est toujours vrai aujourd'hui, et le système éducatif ne s'en émeut toujours pas davantage, oubliant:

— ce que disait Cocteau:

« La poésie cesse à l'idée, toute idée la tue »

— et Eluard:

« Ce qui a été compris n'existe plus ».

En conséquence, l'homme commun aura cette approche analytique du texte et, en toute logique, ne pourra qu'être peu sensible à l'expression du poète, sinon lorsque celui-ci écrit tout spécialement pour plaire, en exprimant des images conformes à l'attente de « la critique artistique ». Dans ce dernier cas, ressortira de l'œuvre « le stéréotype du sensible » qui sera alors apprécié et commenté. Mais est-ce encore de la poésie?

À l'inverse, de par une approche sensible il devient possible de percevoir que le chemin accompli par certains poètes, grâce à leur art, peut être assimilé à une quête initiatique. L'expression évolutive du poète devient de cette manière l'outil qui façonne le «souffle / Esprit»; l'œuvre entraînant l'Œuvre.

Une des plus belles images sur la poésie est certainement celle du poète chinois du XVIIIe Ong Gia Ki :

« La poésie est le son du cœur »[1]

Jalâl Al-Dîn Rûmi fit tout aussi bien sur le poète :

« Le poète est l'homme du Seuil des Mondes, Le parlant muet. Voilà ! Le secret est dévoilé, Ça suffit, silence ! »[2]

Les étapes de l'accomplissement du «poète en quête» peuvent se dépeindre ainsi :

Tout d'abord, évidence déjà décrite, existe en lui un feu intérieur qu'il doit exprimer d'une manière ou d'une autre, et son inspiration le conduit à vouloir écrire. Pour ce faire, par résonance de par sa formation structurante, ce poète amateur cherchera à construire son ouvrage avec sa Raison. Il établira le sujet, développera d'une manière rationnelle celui-ci, et disséquera l'effet recherché à travers ses mots, la structure des vers, tel qu'on lui aura appris lors de sa formation. En fonction, il comptera le nombre de pieds, étudiera la rime, et définira un rythme. Il utilisera à cette fin des dictionnaires de rimes – *pour poète en mal d'inspiration.*

Il s'apercevra au bout d'un certain temps que, dans ses poèmes ainsi construits, aucune envolée, aucun éclat du Cœur, aucun élan du Profond, n'a pu s'exprimer, et ce, malgré le travail fourni.

Alors, un jour particulier guidé par son état d'Âme, supprimant le rôle de sa Raison, sa main se met à courir sur le papier en écrivant des mots sortis de nulle part. Puis, par la suite, prenant conscience du texte, il s'aperçoit qu'un Autre s'est exprimé à travers lui, au travers du soi.

C'est pourquoi l'apprenti en quête parle de l'«âme du poète», ou de sa Muse, comme quelque chose d'inné, d'immanent ou bien de transcendant, sans trop savoir ce que cela peut être. Mais cette Muse

1. Henri Borel, *Wu Wei*, Discovery Publisher, 2021.

2. Rûmî, *Le livre du dedans*, Édition Albin Michel,1997.

lui permet d'exprimer l'inexprimable grâce à des images sensibles couchées sur le papier. Œuvre qui ranime le « Profond » en lui. Les Poètes « accomplis » ont une sensibilité extrême qui va au-delà du commun ; une vision, une perception, qui paraît supra-sensorielle. C'est celle-ci qui se révèle sous leur plume, qui leur permet d'être « juste ».

Par évidence, cette dimension décrite est en totale opposition à la démarche volontaire des poètes à la mode. Ceux qui écrivent pour vivre, et non survivre, pour plaire à la cour, aux médias, aux clients. Ceux-là font croire au sensible, en développant une sensiblerie affichée, à travers des images stéréotypées qui ont comme objectif d'attendrir ou d'émerveiller telle ou telle tranche d'âge ou de catégorie sociale.

Sensibilité de l'ego mise en rimes, et très souvent en musique aujourd'hui. Mais cela était vrai hier aussi ; il suffit pour cela d'évoquer le Romantisme.

Ronsard, qui plut à Henri II puis à Charles IX grâce à des œuvres de « bon ton », fut pour cette raison déclaré « Prince des Poètes » – *encore un miroir aux alouettes*. Mais il put transcender son art lorsqu'il écrivit, sur la fin de sa vie, sur ses souffrances physiques et sa confiance de chrétien devant la mort.

En effet, ce qui caractérise le plus les poètes de qualité est certainement le tourment de leur vie – *ce qui fut souvent le cas de certains Saints et de certains Éveillés.*

« Heureux celui qui a connu l'épreuve, il a connu la vie » Th 58

La souffrance ressentie en soi ou perçue chez l'autre – *souvent un « proche »*-, permet d'« ouvrir » sa sensibilité et d'atteindre ainsi l'Autre qui est en soi.

Sakyamuni, le bouddha historique, en est le parfait exemple. Comme chacun le sait, le contraste entre sa vie de Prince faite de facilité et de bien-être et la découverte, lors de sa sortie de son palais, des malheurs de la vie, fut le déclencheur du début de sa quête.

Cette belle histoire est fort probablement une parabole sur cette « ou-

verture » du sensible. Le palais représentant son égocentrisme dont il faut savoir sortir pour prendre conscience, par empathie, de la souffrance des personnes rencontrées.

Premier pas vers une ouverture de son champ de conscience. Soit passer de l'egocentrage à l'allocentrage.

Cependant, pour la plupart des hommes, seule leur propre souffrance permet cette métamorphose. Cela reste une possibilité, car à l'inverse ce type d'épreuve peut conduire à entrer dans une voie peu souhaitable, celle de l'auto-destruction.

Rimbaud, Verlaine, Villon, poètes d'exception, l'ont démontré. Eux qui vécurent des vies de bohème, de violence, d'excès de toutes sortes, rejoints là par Baudelaire en fin de vie.

C'est certainement le traumatisme intérieur, le mal Être ressenti, conséquence de la lutte entre le masque qu'on voulait leur imposer et son rejet par l'excès – *fruit de leur tourment intestin-*, qui fut à l'origine de leur talent, mais aussi du malheur vécu.

Citons le Docteur Mc Lean :

— « En me penchant sur les mécanismes neuronaux qui sous-tendent le sentiment de notre propre réalité, j'accorde une attention particulière au type d'aura éprouvé par Dostoïevski et décrit dans l'« Idiot » comme : « une sensation d'existence au degré le plus intense »[1].

Ce sentiment d'existence exacerbé est vraisemblablement celui des poètes maudits.

On peut penser qu'en effet, seule leur « Muse », partie de l'Autre, a pu s'exprimer, mais que, malheureusement, les abus de substances psychoactives ont freiné leur « Élan spirituel ».

On peut constater que ce type de disharmonie se retrouve dans d'autres Arts. La danse avec Nijinski qui réussit à transmettre l'intransmissible, l'horreur de la guerre, mais qui fut rejoint par la folie.

Les arts internes chinois où les excès de toutes sortes – *alcool,*

---

1. Paul D. Mac Lean, Roland Guyot, *Les trois cerveaux de l'homme*, Robert Laffont, 1990.

drogue – émaillent la vie des Maîtres les plus illustres.

Le danger est grand lorsqu'il y a une dissonance intérieure.

Certains poètes d'exceptions ont réussi à transmettre « un message sensible ». Une dimension « palpable », qui communique une expression que l'on peut « vivre ».

Comme exemples éloquents on peut citer des œuvres de l'Haïku japonais. Poèmes composés de dix-sept syllabes répartis en trois vers – 5-7-5 – qui illustrent, non pas la totalité de l'esprit Zen comme il est trop souvent dit – *l'esprit Zen devrait être le silence* –, mais la transmission dépouillée d'une émotion perceptive.

Les principes appliqués sont les suivants :

— pas de complexité, pas de discrimination, pas d'intellectualisation, pas de fébrilité,

— mais on peut penser que seule la Forme s'oppose à cette non-intellectualisation – *contrainte de la forme, mais qui pour le poète chevronné doit devenir « naturelle »* ? L'Haïku a la qualité de communiquer de « cœur à cœur » l'état sensible du poète. L'image est immédiate, tout comme la sensation engendrée ; elle est. On ne peut l'expliquer, on ne peut disséquer le « pourquoi » – *sans oublier que traduire c'est...*

Citons un des plus fameux, de Bashô :

« Le vieil étang,

Une grenouille y plonge,

Le bruit de l'eau ! »[1]

Nous éviterons, comme trop fréquemment on peut le constater, d'opposer les traditions en citant Rimbaud, « le bateau ivre, qui rejoint dans cet exemple l'esprit de l'Haïku » – *même si cela peut choquer certains esprits chagrins* :

« Un enfant accroupi plein de tristesse lâche

Un bateau frêle comme un papillon de mai »[2]

---

1. *Haïkaï de Basho et de ses disciples Institut international de coopération intellectuelle*, Paris 1936.

2. Arthur Rimbaud, *Bateau ivre*, Lyon, Audin, 1922.

On ne pourrait conclure ce sujet sans citer les poètes mystiques.

Poètes qui offrent leur expérience dans leurs vers, ou leurs proses, avec un tel élan du «profond», que ceux-ci peuvent devenir «souffle».

Les œuvres produites sont enflammées par l'Amour du divin, de l'absolu. Elles transmettent un message authentique d'une quête sans compromis et peuvent ainsi indiquer au récipiendaire la Voie «juste» qui pourra le mener à son Être essentiel – *du moins si...*

Il est difficile de commencer sans citer le fameux «Shin Jin Mei» – *recueil de poèmes sur la foi* – de Maître Sosan qui est le texte sacré Chan le plus ancien; *exemplaire comme guide de travail et comme témoin d'un Éveil réel.*

Citons en exemple:

« La source originelle est au-delà du temps et de l'espace,

Un instant devient dix mille années,

Que cela existe ou n'existe pas,

Cela est partout devant nos yeux[1] ».

Il est tout aussi indispensable de citer le courant soufi qui a souvent été porteur d'œuvres exceptionnelles, écrites par des Cherchants insolites. Leur nombre est important, mais nous ne citerons que Jalâl Al-Dîn Rûmi. Ce dernier prônait l'utilisation dans la poésie d'images intuitives conséquences d'expériences spirituelles extatiques.

Rencontrons son expérience dans ces deux vers, qui évoquant la rencontre avec l'Autre, ne peuvent que donner envie d'aller plus loin sur son chemin:

« Ô toi qui en moi me récite cette poésie,

Je te serais désobéissant si je ne t'écoutais et ne la répétais pas. »[2]

Souvent, ces artistes mystiques ont écrit leurs œuvres en réaction contre les institutions religieuses en place qui ne respectaient plus

---

1. Jos Slabbert, à partir de la traduction anglaise de Maître Shen Yen, *Hsin Hsin Ming & Lazi,* traduction (zen-azi), Shin Jin Mei.

2. Rûmî, *Le livre du dedans*, Édition Albin Michel.1997.

les messages d'origines. Un des exemples les plus frappants est sans conteste Kabîr, ce poète illettré – *ou métaphore sur le Cherchant qui est allé au-delà des mots, ceux-ci ayant leur limite; soit rejet de toute forme aliénante* – du XVe siècle qui vivait à Bénarès. Celui-ci s'élevait contre l'aveuglement de l'homme dans tous les domaines, y compris dans celui religieux, critiquant aussi bien les égarements des musulmans que des hindouistes.

> *« Ô frère, d'où viennent ces deux maîtres du monde ? Qui donc t'a détourné du droit chemin ?*
>
> *Allah, Ram, Karim, Keshab, Hari, Hazrat :*
>
> *Qui donc leur a donné ces noms ? »*[1]

Ce qui n'empêcha pas ces deux courants religieux de vénérer ce poète; la pureté de sa pensée illuminant tout homme en quête. À partir de la lecture de son œuvre apparaît une Voie de libération, dépouillée, sans concession ni fioriture, structure et forme disparaissant.

Citons, pour terminer ce sujet, les deux vers de ce poète, expression d'une transcendance – *qui font écho à ceux de Jalâl Al-Dîn Rûmi :*

« Celui que j'allais chercher est venu à ma rencontre, Et celui-là est devenu moi, que j'appelais Autre. »[2]

LES ARTS CORPORELS INTERNES

En préambule, précisons que sous le vocable «Art interne» se cache un pléonasme.

En effet, tout Art devrait être interne, car expression de l'accomplissement spirituel de l'homme, du moins théoriquement. Toutefois, dans le monde profane cette notion est tellement galvaudée que le déterminant «interne» a son utilité. En particulier, pour différencier les «Arts internes» de ceux dits «externes» comme : le yoga moderne, le judo, le karaté, le taï-chi-chuan, le qigong, etc., qui en fait, dans bien des cas, sont considérés comme des sports à part entière, ou bien comme des activités ludiques de mieux-être.

1. Yves Moatty, *Kabir, Le fils de Ram et d'Allah*, Les deux Océans, 1988.

De plus, il est à préciser que, la plupart du temps, ces « arts » ont été transformés pour devenir des produits rentables *offerts* au grand public.

Pour avoir confirmation de cette affirmation, il suffit d'observer.

L'apprentissage de ces activités se fait sous forme méthodique, en les disséquant d'une manière analytique. La posture, le mouvement, le principe sont définis, standardisés, sous prétexte d'un rendement optimum. Mais par évidence, comme on peut le déduire, la formation donnée correspond à celle de la méthode éducative scolaire reçue par l'individu. En fonction, aucun trouble, aucune remise en question du format reçu, tout est en harmonie, ou presque. Cet enseignement, formel et normalisé, permet ainsi d'être accessible au plus grand nombre – *et permet sans doute de mieux les vendre.*

La mise en évidence des modèles types, les promotions diverses et variées, et dans certains cas la compétition entre individus, sont devenues les points de repères de ces « arts ». Les structures fédératives terminant l'aliénation collective.

Mais attention, ce n'est pas sur ce point qu'il y a imposture. Ce que nous venons de décrire est le monde sportif contemporain. Les activités citées précédemment sont la plupart du temps présentées comme des sports ou des loisirs, et en fonction il n'y a pas tromperie.

L'imposture existe lorsque les « arts » cités sont présentés comme des « disciplines à objectif spirituel », mais qui en fait, n'offrent que des outres vides de tout contenu. Comme exemples il est possible de citer, entre autres :

Le taï-chi-chuan « moderne » qui, très souvent, à travers le discours séduisant habituel, détaille tellement le chi – *ou Qi, traduit aujourd'hui par « énergie » terme moderne du souffle* –, sa relation avec le Yi – *intention directionnelle* –, le Shen – *esprit* –, ainsi que le geste, qu'il perd de ce fait sa nature d'outil du « Profond ». Son expression n'est alors, plus qu'une recherche formelle de l'aspect et d'un ressenti prédéfini, annihilant ainsi toute transmutation intérieure – *rappelant « La poésie cesse à l'idée, toute idée la tue ».*

On peut s'apercevoir aussi que la traduction du Chi - ou Qi - par le terme « énergie » perd tout de son sens initial « souffle » qui lui est universel : Prana, Pneuma, spiritus, Ruh, Ruah, Ki.

Mais « énergie¹ » est plus « parlant », plus « performant », « plus Force » pour le profane et donc « plus vendeur ».

À ce propos, il y a un point fondamental qui est trop rarement évoqué :

— celui de la différence entre le souhait « d'obtenir des résultats » et celui « d'aller au-delà de soi ».

Précisons cette différence :

Lorsque l'on travaille avec comme objectif de développer son « énergie interne » - *chi, ki, prana ou centre énergétique, Dan tian, Hara tanden ou autre* –, son esprit ne peut qu'être « pierre », car centré sur sa petite dimension, il est égocentré. Alors, comment dans ce cas rejoindre l'infini, le Tao, le Divin, comment se transcender ?

C'est un travail du type Chi Kung « moderne » – *Qigong* –, détaillant les principes, précisant les méridiens, recherchant des sensations prédéfinies, déterminant les objectifs, le tout dans l'objectif d'un mieux-être éventuel, voire d'une spiritualité modélisée…

Prédéfinir un objectif le modélise et ainsi formalise tout ressenti futur. L'Esprit, de ce fait, est emprisonné dans une volonté rigide limitée à la définition reçue. En conséquence, L'Autre ne peut se réveiller. C'est pourquoi il est dit de « vouloir sans vouloir », et d'aller vers l'indéfinissable.

Les Maîtres authentiques ne détaillent pas le « pourquoi », ils font travailler sur le « comment », sur l'Esprit. L'« *énergie* » est sans importance, la notion de performance est à oublier. Il faut tendre mentalement vers l'Ineffable, créer cette relation intérieure / extérieure pour permettre au souffle / Esprit de se fondre dans celui indivis,

---

1. L'origine de cette « traduction, interprétation » provient sans doute de Bergson, *L'énergie spirituelle, essais et conférences*, 1919. Textes et conférences publiés entre 1901 et 1913. Paris, PUF, 1959 – nota : mais il était précisé « énergie spirituelle ».

mais en lâchant-prise – *paradoxe qui ne peut être compris que par l'expérience.* C'est un travail du type Nei Kung – *travail interne.*

Cela peut permettre, si les qualités du Cherchant sont présentes, d'accéder à un travail spirituel « juste ».

Cet exemple pourrait être développé pour la plupart des arts extrême-orientaux commercialisés aujourd'hui.

> *Stimulons notre imaginaire : prenons un pratiquant de Yoga d'il y a quelques siècles qui s'investissait nuit et jour à son époque pour atteindre la délivrance de son Âme / Esprit - moksha - dans les postures - asana -, la méditation - dhyâna - le travail du souffle - pranayama -, qui reviendrait à notre époque pour constater ce que sont devenus ces disciplines sacrées à ses yeux ; que constaterait-il ?*

> *Eh oui ! Soit des produits commercialisés promettant une spiritualité à la portée de tous, soit encore des produits, mais cette fois-ci pour le mieux-être, ou bien pour sculpter un corps de rêve, sans oublier les associations de loisirs pour occuper son temps. Triste vision, mais pas tout à fait erronée.*

> *Pas tout à fait, parce que, comme toujours, l'exception existe ; mais il est nécessaire de la découvrir.*

C'est pourquoi nous parlions de « dégénérescence » dans un chapitre précédent. Un grand nombre de ces Arts se voient dévoyés pour les raisons habituelles, pouvoir et argent. Pour ce faire sont utilisés soit un développement des théories développées par les Lettrés de la Chine antique, soit des « pseudosciences » permettant de rationaliser les enseignements qui paraissent obscurs à toute logique rationnelle ; en oubliant dans les deux cas que le travail à réaliser devrait échapper à toute approche de la Raison pure – *le comment, le savoir-faire de l'Outil, est à privilégier.* Ces mêmes personnes prônent l'adoption d'un uniforme qui, support de modélisation du groupe, n'améliore pas l'ensemble.

Bien d'autres égarements existent et la liste ne peut qu'être très longue – *exact reflet des errements des différentes voies spirituelles.*

Pour en citer quelques-uns :

— ceux qui, avec un sourire de béatitude, flottent sur un nuage de sagesse prédéfinie avec l'aspect standardisé du Maître éveillé,

— d'autres, qui se prenant pour les combattants des contes et légendes extrême-orientaux, tentent de prouver leur invincibilité sur des adversaires assujettis,

— sans oublier, l'aspect de la posture, la tenue folklorique, l'esthétisme du geste conforme, qui ont comme but celui de séduire, et d'avoir le succès attendu sur les réseaux sociaux,

— etc.

On ne peut, là aussi, tout comme dans toute quête spirituelle, religieuse ou initiatique, qu'être surpris par le manque de clairvoyance des Cherchants victimes de ces leurres.

L'Art interne n'a pas comme «finalité» de mettre en évidence le pratiquant, ou de rendre plus performante son *énergie interne*, mais bien de fondre celui-ci dans le Tao.

Tout comme la poésie :

— l'Art interne est un outil d'accomplissement.

— l'Art interne est le fruit de l'accomplissement.

Rappelons que ces «*déviances*» sont identiques à celles des religions extrême-orientales à la mode.

On détaille *l'énergie* interne, les types d'*énergies* possibles, les méridiens que parcourt cette *énergie*. On y ajoute un ersatz de l'«esprit» bouddhiste et de la «science» taoïste : les cinq éléments, les trois sages de base, et le Yi-King – *le livre des divinations ; oubliant que le bouddha historique rejetait toute forme de divination-*, et de plus, quelquefois, la pharmacopée chinoise. Le syncrétisme est roi !

Le Yi King qui présentait à l'origine une « simplicité » conséquence de l'observation de la nature, compréhensible seulement par l'« homme réalisé », qui se développa en complexité au cours de trois étapes (3000, 1122, 1000 av. J.-C.), puis qui fut interprété par les lettrés confucéens au IVe siècle av. J.-C.[1] - les dérives d'hier sont celles d'aujourd'hui...

L'emballage est beau et séduisant, compris facilement par le pro-

---

1. Pierre Riffard, *Ésotérismes d'ailleurs*, Robert Laffont 1997.

fane, mais l'essence spirituelle tellement diluée qu'elle finit par disparaître.

« *Où sont les Maîtres d'antan ?* » Ne peut que se lamenter le Cherchant. Certainement «dans l'ombre» comme le dit la tradition, pour se mettre hors de portée de toute contagion possible.

L'évolution du Cherchant dans ces Arts peut être la suivante :

Le pratiquant ordinaire sera celui qui cherche un moyen pour se défendre ou pour être en meilleure santé.

Sur ce point, on ne peut produire aucune objection. Il s'agit là de l'instinct atavique de survie, et donc tendance naturelle.

Mais, il pourra être aussi celui qui cherche à paraître.

Paraître soit en voulant représenter le Maître type, de façon à posséder le pouvoir et les préséances liés au titre, soit en voulant être le «chef de meute», de par sa force physique, voire la peur qu'il inspire. Le sujet peut être séduisant, il fait des mouvements esthétiques, puissants, de plus ceux-ci sont «pleins». C'est-à-dire que la pression interne due, soit au neuro-tendineux, soit à un travail isométrique, est présente. Sa poussée est efficace, le discours intéressant. Les élèves l'appellent «Maître».

La première étape sera celle de la compréhension de l'Art par la Raison.

Le pratiquant découvre que derrière l'image première, existe un monde insoupçonné – *ou espéré, selon chacun.* Il cherche à comprendre par la logique, quel processus peut engendrer l'accomplissement pressenti. Il conserve son objectif initial, mais découvre progressivement la subtilité du travail à effectuer ainsi que l'influence que cela peut avoir sur son Esprit.

La deuxième étape s'effectue lorsqu'il s'aperçoit que les outils fournis lui permettent de retrouver un état particulier. Le geste conduit son Esprit puis, petit à petit, l'inverse se produit : l'Esprit conduit le geste «juste» dans la forme apprise. L'Esprit devient plus important que le physique.

Par ce fait, l'immobilité de la méditation rejoint le mouvement et le mouvement l'immobilité.

Le «souffle» naît, il est interne et permet d'être «pneumatique».

La troisième étape s'amorce lorsque naît la jonction entre l'intérieur et l'extérieur, l'Autre apparaissant alors.

Alors, la séparation subjective de son Être par rapport au Tout a une brèche. Cette brèche est révélation perceptive ouvrant la voie vers la transcendance.

Des Maîtres de différentes traditions ont su exprimer par des mots leur expérience vécue, retraçant de la sorte les étapes décrites. Ainsi :

— le Cherchant comprend par l'expérience comment : «L'Esprit doit devenir substance et cette substance doit devenir forme.» – Wang Xiang Chaï

— et par conséquent tout devient plus simple, le geste perd de son formalisme et devient naturel, spontané : «Votre Art, quand il sera naturel, deviendra merveilleux.» – Guo Yun Shen

— mais faut-il encore que soit respecté ce principe de base : «On doit rechercher la justesse spirituelle et non l'exactitude formelle.» – Wang Xiang Chai

— de cette façon, avec le temps, l'Art est oublié et seul reste l'Essentiel : «... et notre corps entier, notre âme entière, deviendront lumière.» – Morihei Ueshiba

La quête spirituelle à ce stade se suffit à elle-même.

EN CONCLUSION DU
PRÉSENT CHAPITRE

Nous avons pris comme exemples la poésie et l'Art interne d'Extrême-Orient. Notre objectif était de démontrer que malgré une très grande différence d'expression, ces deux Voies – *Dao ou Tao en chinois ou Do en japonais* – pouvaient tout autant devenir des chemins correspondant à d'authentiques quêtes spirituelles.

On pourrait le vérifier de la même manière pour d'autres Arts comme la danse, la sculpture, la peinture, et bien d'autres.

L'œuvre de Van Gogh ou bien celle de Dali ne nous démentirait pas.

Pourtant, l'accomplissement de ces deux artistes ne pourrait paraître que peu évident pour tout un chacun. Non par le jugement social et moral que l'on pourrait en faire, mais parce que sur le plan spirituel leur rayonnement n'était pas manifeste.

Quoique, la dérision de Dali sur toute chose, y compris sur lui-même, semble indiquer une réalisation palpable, et son attitude fantasque n'est pas sans évoquer la métaphore Zen sur le sens de la vie qui est : « *un grand éclat de rire* » - *image utilisée aussi dans la pensée soufie.*

La vie de Vincent Van Gogh quant à elle, témoigne d'une quête incessante non aboutie. Cet artiste qui, refusant de considérer que l'art puisse se marchander, tenta de se réfugier dans la religion, mais devant le refus de l'institution eut ensuite une vie pour le moins chaotique et une fin dramatique ; témoignages de sa souffrance intestine.

Il est possible, comme le soulignent certains Maîtres de la tradition, que cela soit dû à un attachement trop grand à l'Outil.

En effet, l'outil, la peinture, une fois la troisième étape amorcée – *constatable de par la qualité sensible de leurs œuvres* – est devenu une charge, un attachement contraignant. L'outil, alors, supplanterait l'Œuvre – *soit leur propre accomplissement.*

Paradoxalement, certains Cherchants ont réussi à sublimer leur art, pour laisser place à une Voie spirituelle aboutie. On peut citer en exemple un Maître de l'interne accompli, Morihei Ueshiba, fondateur de l'Aïkido, qui a su transformer une méthode martiale en Art véritable.

Ce qui lui fit dire :

> *« Lorsque vous vous inclinez profondément Devant l'univers, il s'inclinera en retour. Lorsque vous évoquerez le nom de Dieu, Il fera écho au fond de vous »*[1].

Ce qui n'est pas sans rappeler les vers des poètes mystiques cités précédemment ; les chemins sont multiples, mais l'« élan » qui soustend la quête unique.

Malheureusement, on peut constater que très souvent la direction indiquée dans ces messages de qualité est par la suite dévoyée et sert de support à des fins pour le moins limitées.

L'évolution sociétale étant sans doute à l'origine de cette dégénérescence, mais ne faudrait-il pas plutôt dire, que :

> — *« L'homme a rarement les qualités requises pour comprendre le message transmis ? »*

---

1. *Les secrets de L'Aïkido,* John Stevens, traduit par Josette Nickels-Gronier Budo, 2001.

LA VIE QUOTIDIENNE
COMME TRAVAIL OPÉRATIF

De nombreux ouvrages ont traité le sujet, en reprenant en boucle toutes les théories partagées par la plupart des courants à la mode du jour. Les supports utilisés sont le plus souvent extraits des traditions d'Extrême-Orient – *Inde, Tibet, Japon, Chine* – en retenant surtout l'aspect enchanteur des images populaires les illustrant.

La plupart du temps, concernant la mise en application des principes à retenir, il est expliqué que chaque acte quotidien doit devenir exercice. Pour cela, il est conseillé d'être présent à chaque instant, d'ouvrir ses capteurs sensibles, de façon à être pleinement dans le «moment présent» soit «ici et maintenant» pour être «en pleine conscience» – *termes «bateau» d'aujourd'hui.*

À ce propos, cette mode de la pleine conscience permettant de ne pas être «troublé» par ses pensées a toujours fait sourire les traditions authentiques. La «Vacuité idiote» du Chan, ce que l'on pourrait traduire par: «pleine conscience, oui et après?»

Seulement, on oublie de préciser que cette façon de procéder est une première étape, celle de la concentration. Concentration qui est le principe de base de tout travail sur soi-même, comme les arts, le sport, la conduite, le compagnonnage, soit l'apprentissage en général.

Toutefois, définir cela comme exercice de tous les jours et de chaque instant à un «débutant» est une aberration.

Justifions cette assertion.

Ceux qui ont de la pratique le savent. Il est déjà extrêmement difficile d'être dans un état de vigilance – « *moment présent* », « *ici et maintenant* », « *en pleine conscience* » – à travers un exercice défini, dans des conditions optimums de tranquillité, et cela sans qu'il y ait d'« ouverture mentale[1] ». En fonction, dans des conditions familiales, de travail ou de transport, où les conditions sont souvent perturbatrices, voire stressantes, cela devient pratiquement impossible.

Il serait plus opportun, « au départ » et pendant un temps très long, de ne travailler que les outils transmis de manière journalière, et ce, avec plaisir, comme si l'on retrouvait un « refuge », un havre de paix – *avec le temps, par expérience, cela deviendra effectivement le cas.*

Comme toujours les mots ont leurs limites. Pour mieux comprendre cette notion de « refuge », prenons quelques exemples qui ne peuvent qu'avoir été vécus par un grand nombre. Précisons en amont que c'est le type de perception ressentie lorsqu'exceptionnellement on est en parfaite symbiose avec son environnement. Cela peut arriver à la campagne, à la montagne, à la mer. On est seul, isolé face à un spectacle exceptionnel que seule la nature peut offrir : coucher de soleil, orage en montagne, étendue d'eau infinie avec le doux frémissement du vent, etc. Baigné dans cette harmonie, le fardeau de votre masque, de votre Persona, disparaît spontanément. Vous pouvez vous présenter « nu » devant l'« Univers » qui vous entoure. Vous n'encourez aucun jugement, aucune agression, vous pouvez vous relâcher, vous détendre, et enfin vous oublier.

C'est cette détente mentale qui est la clef de voûte de tout travail, de toute quête. Cette détente qui fait fondre le côté « pierre » de son Esprit, pour qu'il devienne souple, doux comme une brise fine, en un mot « souffle ».

Souffle qui est apte à parcourir son corps, et de par sa légèreté et sa finesse, il peut non seulement rejoindre l'extérieur, mais aussi le Tout, le Divin, le Tao.

1. Une ouverture mentale est l'instant où la concentration sur un sujet disparaît masquée par une pensée perturbatrice, ou par une perception autre qui distrait.

Dès lors, tout se rejoint, l'arbre, le buisson, le cours d'eau, mais aussi le son qui devient «palpable» comme l'air, comme le soleil, comme la terre.

C'est aussi le sentiment de redevenir fœtus et de rejoindre la matrice universelle. Celle qui nous aime, qui ne peut que nous accepter.

C'est l'état de méditation, de prière, de mantra.

Cet état reste exceptionnel, et faire croire que l'on peut l'obtenir continuellement lors de la vie de tous les jours, suite à une lecture ou à quelques séminaires réalisés, est un «doux» mensonge.

Par contre, si vous veillez à être présent le plus possible dans la plupart de vos actes, l'exercice vous apportera quelques surprises. En effet, il est bon de savoir que, de par cette volonté d'être présent, l'esprit est pris par l'attention volontaire et par conséquent inattendue, tout acte devient maladroit. C'est en effet, comme dit précédemment, la concentration, fruit d'une attention volontaire, qui est la première étape de tout apprentissage. Rappelez-vous lorsque vous avez commencé à conduire, en prenant attention à chaque geste, chaque décision, combien votre cortex vous freinez dans chaque action. Seul le savoir-faire intuitif par la suite, lorsque le geste est oublié, vous avait permis de devenir libre et fluide.

Cette première étape est volonté consciente, elle est maladroite.

C'est l'état de concentration.

Comme développé dans un ouvrage précédent, la progression en quatre épapes dans le domaine de l'apprentissage définie par le psychologue Abraham Maslow, ne peut que servir de référence. 1- je ne sais pas que je ne sais pas, 2- je sais que je ne sais pas, 3, je sais que je sais, 4- je ne sais pas que je sais. Cette étape de la concentration correspond à la phase 3, celle de l'apprenti maladroit.

Avec le temps, l'application des principes cités, le fuit du travail de l'Outil modifiant progressivement son champ de conscience, l'étape suivante s'amorcera. C'est celui de la présence consciente, où l'on est dans l'acte sans effort de la volonté «pierre»; mais paradoxe difficilement compréhensible par le profane, où l'on est «en conscience de la *présence* et en parallèle dans le réflexif utile».

Arrivé à cette étape, il est utile d'aborder un paradoxe, celui du souhait d'être présent en « pleine conscience » et la soi-disant opposition d'avec la pensée. Ne nous trompons pas, dans la vie active il n'y a pas d'autres choix que d'utiliser notre pensée réflexive sur le plan professionnel pour analyser les « interconnexions » de chaque acte et décision ; ce qui est vrai tout autant dans notre vie familiale. Le « vide » mental, la fameuse « vacuité » n'est pas le refus de ce type d'activité mentale indispensable, mais bien de faire cesser les pensées « anarchiques » – à ne pas confondre avec l'inconscient qui lui peut apporter des informations bien utiles. La non-pensée sans perception de la présence en soi – « souffle / Esprit » – est nommée pour mémoire par le bouddhisme Chan « vacuité idiote »...

Cette présence part de son centre, elle est adroite.

C'est l'état de méditation active.

Puis un jour, un moment, une parfaite harmonie se crée entre soi et l'ensemble ; instant éclatant de simplicité et de bien-être.

On fait alors, le geste « juste » le plus simplement du monde. On s'accorde aux choses, aux flux, et on s'anime, sans la volonté, sans le « je » qui s'estompe peu à peu, trait d'union avec l'Être essentiel. Toute théorie est bien pauvre comparée à cet éclat de lumière.

Cette présence, en et hors de soi, est subtile et universelle.

C'est l'état de contemplation active – soit les trois étapes citées : concentration, méditation, contemplation.

On peut s'apercevoir à la lecture de ce développement qu'effectivement la première étape, celle de la concentration, paraît bien pauvre comparativement aux deux autres. Néanmoins, par expérience, il faut savoir qu'il ne faut jamais négliger le fait que tout travail sur soi est, au début, et pendant une longue période, extrêmement difficile.

Cette difficulté provient de notre Raison qui, sans arrêt, lors de chaque instant, est autonome. Elle spécule incessamment sur tout autre chose que l'acte que nous sommes en train d'accomplir. Elle virevolte de droite, de gauche, change de course pour mieux repartir.

Et lorsque l'on suit les conseils habituels basés sur la non-pensée - *regarder les pensées comme des nuages qui passent et ne pas s'arrêter sur l'un d'entre eux, ou bien brûler dans un chaudron ces mêmes pensées -*, la Raison par son don d'ubiquité nous trompe encore.

Elle est volonté de stopper l'état spéculatif et la pensée réflexive, les deux devenant exponentiels.

Alors, comment se concentrer ?

Il faut oublier, dans l'accomplissement de l'acte à réaliser, l'idée de volonté habituelle, sachant qu'une partie de celle-ci restera tout de même. Le « secret » est la détente, le « laisser-faire » avec comme point essentiel de « perdre sa fébrilité ». C'est de cette dernière que naît notre déphasage avec l'Autre.

Détente, laisser-faire, et mise en phase de l'esprit avec l'action à réaliser.

Toute volonté d'agir trop pressante ou trop volontaire, signe de l'apprenti, fait naître une tension maladroite et surtout une fébrilité mentale.

Il faut calmer son esprit en se plaçant comme observateur, en relativisant tout objectif quel qu'il soit, et se détendre.

La mise en phase de l'esprit et du corps se fera progressivement.

C'est pourquoi tout objectif est erroné, qu'il soit : spirituel - éveil, divin -, de santé - énergie, chi, ki -, ou autre. Seul le changement d'état d'Être puis d'Âme est « juste ». Il faut tendre vers l'« élan du profond » qui se moque de toute réussite, de tout résultat concret.

Dans le Taoïsme, les Maîtres authentiques disent : « il n'y a rien à chercher, car il n'y a rien à trouver »…

On ne peut aborder le travail à effectuer tous les jours, sans en citer un qui est essentiel à toute voie initiatique : celui de l'amélioration de ses qualités humaines.

C'est ce qui vous permettra de transcender l'outil, et par ricochet de vous transcender.

Une étude scientifique faite par le docteur Masaru Emoto[1] a prouvé par l'observation que des cristaux d'eau - gelée - pouvaient être influencés, non seulement par l'environnement matériel - musique, lieu - mais aussi par celui immatériel de la pensée - prière, mantra, méditation.

Ces cristaux selon les cas pouvaient avoir l'apparence d'une structure harmonieuse et équilibrée, ou bien être totalement torturés.

Ce phénomène constaté tendrait donc à confirmer notre affirmation du départ: l'outil que vous allez utiliser, sera utile à votre accomplissement, mais vous-même, devait avoir les qualités requises pour effectuer un travail productif.

Une synergie très subtile!

À quoi bon ponctuellement développer votre relation avec votre Âme-Esprit grâce à des mantras et prières si, le reste du temps, vous êtes petit, mesquin, envieux ou haineux?

Non seulement l'outil ne produira rien de bénéfique pour vous, mais de plus, votre propre Esprit sera souillé par vos pensées et votre comportement.

Votre propre accomplissement deviendra ainsi impossible, sauf peut-être vers l'œuvre au noir, et encore, le côté petit et mesquin restera réducteur – *nous n'aborderons pas cet aspect pour le moins déviant.*

Alors, dans la vie quotidienne, ouvrez votre Esprit vers le Bien. Pas le Bien, morale de la société, mais celui de votre éthique personnelle, celui qui est lié à votre compassion, à votre empathie. Cette sensibilité qui vous fait agir pour l'autre, non pas pour obtenir un retour bénéfique, ni par superstition pour éviter qu'il vous arrive le même malheur, ni pour paraître, mais bien parce qu'au fond de vous, vous ressentez le besoin d'agir dans ce sens.

Si pour le moment, ce n'est pas le cas, contentez-vous de suivre

---

1. *Les messages cachés de l'eau,* Masaru Emoto, Guy Trédaniel, 2004.

les préceptes moraux de votre école initiatique. Complémentairement, entourez-vous de personnes de qualité et, tout doucement, comme les cristaux d'eau, votre qualité personnelle s'améliorera.

Et avec le temps, vous vous apercevrez qu'au fond de vous, il y a une vérité du Bien. Une vérité qui n'est pas celle du dogme, mais celle du Cœur, celle de l'«Amour-unité».

Évidemment, il ne faut pas se croire investi par Dieu, ce qui vous donnerait un nouveau masque. Il est plutôt souhaitable de s'accepter comme l'on est, avec un amour relatif, pas encore et peut être jamais universel, mais fondamentalement gratuit pour les plus déshérités. Cette amélioration de vos qualités humaines devra vous pousser à «bien penser, bien dire, bien faire». Vous comprendrez concrètement, un jour, que Saint-Augustin avait raison lorsqu'il affirmait que «Tromper par l'Esprit, c'est déjà tromper».

Restez dans une modeste dimension, celle de tout Être humain.

Ne demandez pas «l'impossible constamment», ce qui ne durera qu'un temps très court – vite recouvert par un masque trompeur-, mais plutôt à «tendre vers l'idéal le plus souvent possible».

C'est là l'essentiel. L'élan qui est en soi, celui qui vous pousse sans aucune raison logique ou spéculative, celui qui vous donne la force de persévérer malgré vos problèmes et vos limites, celui qui est «vie» en vous, qui ne se mesure pas.

Qu'il parte du niveau «le plus bas» de l'individu, ou du «plus haut», il reste élan. Il est état d'Âme par excellence. Et sur ce plan, toute mesure est erronée.

Beaucoup se découragent dès le départ en pensant qu'ils n'ont pas l'intelligence, l'Éveil, les vertus nécessaires, ou en découvrant en cours de route qu'ils ne sont pas ce qu'ils croyaient être. Mais cette facette-là est sans vraiment d'importance, seul l'«élan spirituel» est fondamental.

Et point essentiel, à se remémorer constamment : même si précédemment l'on a été à l'opposé des principes évoqués, le passé n'est pas rattrapable, mais le futur sera peut-être ce que l'on décidera qu'il soit.

Arrêtons de faire croire à l'individu que l'Éveil, la découverte de l'«Autre», l'approche du Tao, la rencontre avec la Lumière, avec le Divin, ne soit accessible qu'à une élite prédéfinie.

Nous avons écrit cet ouvrage en partie pour cette raison.

Beaucoup trop d'intervenants, de représentants de religions, de voies d'Éveil ou initiatiques, font croire à travers la complexité de leur développement et la mise en évidence de leur culture que seuls ceux qui ont ce type de capacité peuvent avoir accès à une dimension qualifiée de supérieure.

Alors qu'inversement, ce sont souvent les personnes les plus simples qui sont les plus sensibles à la dimension spirituelle – *à condition, bien sûr, que le conditionnement initial n'ait pas trop d'emprise sur eux.*

Cela n'est pas sans rappeler les paroles de Jésus :

« Bienheureux les simples d'Esprit, le Royaume des cieux leur appartient » Mt 5,3

« Laissez venir à moi les petits enfants..., car le Royaume de Dieu est à eux. Celui qui n'accueille pas le Royaume de Dieu comme un enfant n'y entrera pas. »

Est-il utile de préciser que « simple » ou « enfant » ne signifie pas, dans ce cas, être ignare ou stupide, mais bien un état d'âme retrouvé, celui de la simplicité, d'une sensibilité retrouvée.

« Il n'y a personne qui ne soit plus grand que Jean-Baptiste, si bien que tous doivent baisser les yeux devant lui. Mais j'ai dit que quiconque d'entre vous deviendra petit connaîtra le Royaume et deviendra plus grand que Jean. » – Th 46

Ce que l'on peut retrouver dans le Tao Te King de Lao Tseu :

« Qui s'exhibe ne rayonnera pas » – Tao te King XXIV

« Qui se diminuera grandira ;

Qui se grandit diminuera. » – Tao te king XLII

Ou dans les Vœux du postulant bouddhiste :

« Ne porter ni bijoux, ni autre parure, n'user de quelque parfum qui soit »

Dites-vous que «Vous êtes tel que vous êtes, tel que la nature, Dieu, vous a fait». Croyez en vos aptitudes dans ce domaine, elles ont été mises en chaque homme.

Étudiez, apprenez, l'expérience des autres est toujours utile. Mais n'entretenez pas la sophistication de toute chose, ce qui ne fera que les emballer dans un papier opaque et entravera de fait toute vision «juste».

Cette simplicité à rechercher est la base de l'Être et non du Paraître. Dans la vie de tous les jours:

— débarrassez-vous du manteau de votre Persona, laissez-vous porter par votre «naturel» – *tout en surveillant l'animal qui est en vous, si cela est encore indispensable* – et dans la mesure du possible conservez un sourire intérieur.

— ne travestissez pas votre expression intérieure avec des mots empruntés au vocabulaire de certains groupuscules, ce qui vous fera illusoirement paraître, et par le fait revêtir un nouveau manteau.

— ne cherchez pas l'apparence qui vous mettra en évidence, vous différenciera. Soit en voulant avoir l'aspect ad hoc, soit en rejetant l'uniforme sociétal. L'uniforme est uniforme et non uniforme. C'est en voulant rejeter l'«uniforme commun» que certains se particularisent, tout en revêtant un nouvel uniforme, celui de l'asocial, de l'éveillé, du maître, de l'initié, du..., sans le savoir. L'abstraction du soi commence par un aspect ordinaire - *ce que beaucoup de soi-disant* «maîtres de sagesse» semblent avoir oublié.

On ne peut terminer ce chapitre sur «la vie quotidienne comme travail» sans évoquer celui qui, avec le temps, doit devenir constant: «le travail de l'observation». Cela peut paraître simple, mais est en fait bien plus difficile que ce que l'on pourrait croire.

Bien sûr, il consiste «seulement» à observer.

Observer les autres, mais aussi l'observateur, c'est à dire soi *(lui)* même.

En Extrême-Orient, dans certaines écoles, on vous conseille de placer votre attention à la fois sur votre vision et en parallèle sur un point précis du cerveau. D'autres écoles précisent qu'il faut regarder sans s'attacher à ce que l'on voit pour avoir accès aux cerveaux profonds, et d'autres encore indiquent de porter son regard au-delà des choses vues, comme pour observer un horizon sans fin.

Chacun peut choisir sa méthode, mais comme toujours il est souhaitable d'oublier la théorie tout en conservant le principe retenu.

Par ailleurs, soulignons le point essentiel pour que ces préceptes puissent être mis en application : il consiste à «avoir du recul» par rapport à la situation vécue, mais tout en étant présent au niveau de la perception.

Le recul dont il est question est surtout au niveau de votre fébrilité émotive.

Précisons ce dernier point.

La fébrilité émotive est la conséquence d'une émotion, quelle qu'elle soit, qui produit une fébrilité mentale et souvent une impulsion psychologique et physique – *non réalisée.*

Et en conséquence trois réactions intuitives possibles : agressivité, fuite, inhibition.

Pour ce faire, observez votre émotion et surtout en évitant de se référer aux définitions stéréotypées qui se rapportent à :

— «l'Éveillé avant l'heure» qui prend «le masque du Sage» en voulant se détacher de l'émotif - *soit un nouveau masque «le non-attachement».*

Votre émotif fait partie de la nature humaine, laissez-le s'exprimer. Il est dans certaines situations très utile; d'en d'autres, peu souhaitable. Mais même pour ce dernier cas, acceptez les impulsions consécutives, mais sans les subir; cela vous permettra d'en prendre conscience et de ne pas en être victime sans le savoir.

Précisons que si vous croyez pouvoir vous être détaché de vos réactions émotives, vous vous leurrez.

Un Maître Chan authentique - ils sont peu nombreux, euphé-

misme - avait pour habitude de mettre par surprise sur la tête de ceux qui se disaient détachés de tout émotif, même en présence d'un risque mortel, un sac en plastique. Et quand ces «pseudos sages de l'insensible» commençaient à suffoquer, tous sans exception se débattaient fébrilement, pris de panique, pour retirer le sac, et le Maître riait.

Le fait de refuser une émotion ne fait que la dissimuler à votre raison, mais malgré tout elle aura une action en vous au niveau des cerveaux profonds. En conséquence, votre mental sera bloqué, il sera encore plus «pierre». La peur, par exemple, existe même chez les plus grands champions de sport d'affrontement. Ceux-ci la connaissent et ne la rejettent pas, et grâce à cela ils ne la subissent pas; ils ne sont pas figés par celle-ci; ils l'utilisent même quelquefois.

Alors, faites de même, utilisez votre émotif, votre sensible pour ressentir «le vrai du faux» chez vous et chez les autres. Soyez simple, ne tronquez pas la réalité.

Avec le temps, vous vous apercevrez que la plupart des gens jouent un rôle.

Ce sont des enfants qui se réfugient derrière leur rôle sociétal et familial. Ils prennent l'uniforme / masque du professeur, du médecin, du militaire, de l'artisan, du prêtre, de l'intellectuel, du père, de la mère, du responsable, etc. Certains sont convaincus de leur rôle, d'autres un peu moins. Quelquefois, le doute existe.

Il y a des rires, des joies, des élans, des pleurs, des peines, des peurs, non exprimés. Mais, ils ne sont pas les seuls, vous découvrirez qu'il en est de même pour vous.

Cette découverte *pour partie* du masque est souvent traumatisante. On s'aperçoit alors ce que l'on s'était caché, ce que l'on ne voulait pas voir: ses faiblesses comme ses petitesses d'esprit.

Peu supportent ce constat.

C'est à ce moment-là que la Raison utilise un nouveau subterfuge pour faire stopper la quête du Cherchant.

Un moyen on ne peut plus efficace qui se traduit par les questions suivantes :

— « Cette voie n'est pas la bonne »,

— ou bien « L'outil est mauvais et incomplet »,

— et la plupart du temps la question Koan par excellence : « À quoi cela sert-il ? ».

Certains Cherchants arrêtent là leur quête pour rejoindre le lot de « ceux qui sont fous sans l'être ».

Pour éviter cet écueil, il y a un moyen possible.

Lorsque vous observez, ne jugez pas, tournez plutôt en dérision ce qui vous apparaît comme illusion et sans grand intérêt – *ce qui était une des capacités les plus remarquables des moines Zen de qualité.*

Grâce à cette dérision, vous pourrez refuser certaines dérives de l'homme sans pour autant émettre un jugement « bien ou mal », dualisme qui ne pourra que vous faire régresser. Vous pourrez, aussi, sourire de vous et accepter ce que vous découvrez – *ce qui ne veut pas dire qu'ensuite on ne cherchera pas à s'améliorer, mais avantage, cela permet de se rendre compte de « son jeu de scène ».*

Il faut observer comme si vos semblables étaient des enfants.

Par contre, opposez-vous de toutes vos forces à tout acte malveillant ou à tout individu haineux portant le mal en lui – *paradoxe du fruit de l'élan qui « ouvre » votre perception sensible, et non par analyse morale.*

Tout cela, avec le temps, vous permettra de vous détendre.

Les autres sont comme vous, avec leur bêtise, leur intelligence, leurs certitudes, leurs doutes, leur jeu de rôle, leur naïveté, leur mesquinerie, leur générosité, leur bonté, leur médiocrité, leur noblesse, leur bassesse, leur rigidité, leurs interrogations. La seule différence, elle est de taille, c'est que vous en avez conscience et cela vous permet de vous ouvrir.

Vous pouvez dire à un proche ou à vous-même : « Je souffre, j'ai mal » sans fausse honte.

Vous pouvez dire à un proche ou à vous-même : «Ton acte est blâmable, ton esprit dérive» sans haine ni ressentiment.

Cela vous enlèvera un fardeau important.

Et vous pourrez ainsi vous extraire de cette vague agitation désespérée qui vous entoure.

Travaillez ainsi, et de jour en jour, avancez sur le chemin de votre quête.

Et l'Élan vous portera !

LA RAISON ET L'ESPRIT

Avant de conclure, il nous a paru utile de restituer chez l'homme le rôle de « la Raison[1] » et celui de « l'Esprit[1] », pierre angulaire de toute quête spirituelle – *chapitre que l'on peut considérer comme un condensé de ce qui précède.*

Commençons par définir ce que peut être la Raison, et ce que peut être l'Esprit. Précisions pour le moins utiles, car de nos jours, chez la plupart des individus, existe une confusion totale au niveau de l'entendement de ces deux « facultés ». Confusion entretenue par l'action de « nos Sachants ».

Qu'entendons-nous par « Sachants » ?

Certainement pas les penseurs et philosophes qui se sont dressés ou se dressent contre l'institution figée, contre la religion codifiée, qui prennent parti pour l'intérêt de l'homme dans la société.

Ce ne sont pas non plus les ingénieurs, médecins, professeurs qui œuvrent pour améliorer les conditions de vie de l'homme.

Pour nous, ce sont les hommes qui, satisfaits de la culture acquise, de leur savoir, abordent toutes choses, y compris celles spirituelles, par

---

1. Dans le texte :
— Esprit, spiritus : « la substance corporelle / incorporelle » qui relie l'homme à Dieu, au Tao, à l'univers, selon chacun – à ne pas confondre avec l'Âme.
— à ne pas confondre avec – esprit – avec e minuscule : utilisé communément pour englober les principes de la vie psychique, les facultés intellectuelles et affectives, quelquefois manière d'être.
— Raison : ensemble des facultés intellectuelles, celles de discerner le vrai du faux, le bien du mal, celles d'organiser ses relations avec le réel.
— Âme : principe transcendant de l'homme, mais aussi « conscience pure individualisée », « perception sensible », et non individuation, personnalité, persona ; elle peut être le lien de conscience, « la substance corporelle », qui conduit à celle « incorporelle » soit « Âme / Esprit ».

l'analyse discursive, spéculative et logique, basée sur l'intellect, reje-
tant de ce fait l'approche sensible et perceptive qui reste du domaine
de l'Esprit.

Ces « Sachants » réduisent donc la dimension chaotique et irration-
nelle du Spirituel en une vague théorie pseudoélitiste, compréhen-
sible seulement par une minorité qui se veut « élue ».

Assertion qui mérite d'être justifiée :

— les Sachants sont dans la société contemporaine «La» référence du «juste pensant». Ils maîtrisent par ce fait la pensée
de «l'homme commun» qui ne peut envisager, dès lors, qu'une
seule approche dans les domaines de l'Esprit – *religieux, initia-*
tiques ou artistiques –, celle par la Raison.

Cette évidence n'est pratiquement jamais évoquée, car, en toute
logique conceptuelle, il est démontré que la Raison conduit l'Esprit
et on le prouve d'une manière indiscutable par l'analyse discursive - *produit de ladite Raison.* Et par conséquent, celui qui oserait
mettre en doute cette affirmation ne peut que se voir mettre au
banc des accusés d'ignorance et de bêtise.

De plus, n'oublions pas, que le monde littéraire, religieux, ou
artistique, est aux mains des dits « Sachants », car références médiatiques incontestées, car incontestables – *de par le conditionnement*
sociétal de l'individu.

Système fermé et figé qui n'est pas prêt de se modifier, et ce, malgré la prise de conscience de notre société qui constate la perte de sa
spiritualité, sans se rendre compte que c'est elle qui l'a engendrée.
Mais tout étant cyclique....

En 1864, l'historien Fustel de Coulanges faisait déjà le constat sui-
vant :

« Chez les anciens - Le mot religion ne signifiait pas ce qu'il signifie
pour nous ; sous ce mot nous entendons un corps de dogmes, une doc-
trine sur Dieu, un symbole de foi sur les mystères qui sont en nous
et autour de nous ; ce même mot, chez les anciens, signifiait rites,
cérémonies, actes de culte extérieur. La doctrine était peu de chose ;

c'étaient les pratiques qui étaient l'important; c'étaient elles qui étaient obligatoires et qui liaient l'homme (ligare, religio).[1]

Cette confusion se retrouve sans cesse et il n'est pas étonnant de la voir se développer rapidement sur toute «nouveauté» spirituelle introduite en Occident. Une tradition initiatique, un Art nouveau arrive, celui-ci-ci était transmis initialement selon l'usage de Maître à disciple à un très petit nombre, d'une manière discrète sinon secrète, avec un travail sur l'Esprit au moyen d'outils ancestraux dont la connaissance était empirique. Que devient-il?

Aussitôt, quelques spécialistes de «nos sciences» s'en emparent, développent par l'analyse sa compréhension, rationalisent ses outils et définissent le modèle type du pratiquant ainsi que l'objectif à atteindre. Puis se calquant sur ces définitions, conçoivent une institution, une fédération structurée pour mieux les maîtriser, tout en médiatisant sa diffusion pour attirer le prospect.

Vision bien négative peut-on juger, mais réaliste si l'on veut bien ouvrir les yeux, ou plutôt le Cœur.

Ce constat ne signifie pas, évidemment, qu'il est souhaitable de rejeter la Raison qui a permis de mettre en place les éléments d'un certain bien-être, ainsi que de définir les lois morales et sociales indispensables à toute société.

De plus, on peut estimer qu'exceptionnellement le travail de la Raison peut permettre d'accéder à l'Esprit, du moins si l'on respecte, selon la tradition originelle, une logique initiatique, et surtout si l'on y associe un travail régulier sur le sensible, sur le perceptif; travail qui ne peut qu'être très, très, long...

C'est le point essentiel qu'il faut retenir. Le passage de la Raison à l'Esprit doit se faire, sinon cela ne peut conduire qu'à une stagnation, sinon à une régression. Il n'y a pas là opposition de la Raison et de l'Esprit, qui à un moment donné, seulement, peuvent se fondre. On peut d'ailleurs penser que c'est de cette fusion que sont nés les préceptes moraux des «archétypes religieux» qui ont permis à notre société de sortir, peu ou prou, de l'animalité.

1. Fustel de Coulanges, *Cité antique*, 1864, p. 210.

Cette confusion existant, abordons maintenant ces deux notions de manière à lever le voile sur leur réelle différence.

La Raison est la faculté de l'homme de penser et de juger en fonction de son intellect. Raison qui permet à l'homme en fonction de la logique, de l'analyse et de paramètres prédéfinis, d'établir un jugement sur un ou des ensembles de phénomènes, ou bien de spéculer sur les conséquences de phénomènes et d'actes – *donc de se projeter dans l'avenir ou dans la théorie.*

Il ne s'agit pas là de «l'intellect transcendant» - *connaissance intuitive* - d'Aristote qui est Raison et Esprit - *finalité -,* mais de «l'esprit discursif», soit le cortex.

Il est utile d'exclure tout autant de cette Raison «la Logique traditionnelle hindoue ou chinoise» qui induit l'assimilation de l'essence de l'objet par le sujet et qui, par ce principe, prend une dimension différente, puisqu'intuitive, sinon spirituelle, du fait que la relation entre le sujet et l'objet est approchée dans sa globalité - *dans son Unité.*

Cela dépasse ainsi la Raison qui, elle, limite l'objet à la définition apprise et enregistrée, sans tenir compte de la variable issue de la relation perceptive – *sauf lorsque le sujet prend conscience du lien sensible unissant toute chose, sujet et objet se rejoignant alors ; mais cela est presque l'aboutissement, donc l'exception - ce qui fit dire à un poète : «objet inanimé avez-vous donc une âme... ? ».*

«Variable» qui disparaît, du fait, de la perception de l'homme commun, et ce dernier par conséquent construit ainsi son individuation.

Paul D. Mac Lean précise, dans sa théorie des trois cerveaux, que le cortex a aussi comme fonction de séparer en conscience l'homme de son environnement. On comprend alors mieux la difficulté du chemin à parcourir.[1]

Cette évidence est la conséquence de la formation reçue par le sujet dès l'enfance ; cela étant vrai aujourd'hui de l'Extrême-Orient à l'Occident.

---

1. Paul D. Mac Lean, Roland Guyot, *Les trois cerveaux de l'homme*, Robert Laffont.

Formation qui est basée sur un savoir formel et figé, bâti sur la définition limitée de toute chose, sur le dualisme et la différenciation. Données qui auraient pu être constructives si évolutives, mais qui sont sclérosantes de par leurs immuabilités.

Ce dernier point peut paraître obscur pour le lecteur, alors détaillons.

La définition d'un objet[1] le classe dans un ensemble défini selon des paramètres établis en fonction de repères tels que : forme, taille, couleur, fonction, composition, etc.

Ces paramètres particularisent ainsi l'objet, le bordent, et surtout limitent le perceptif du sujet. Elles délimitent ainsi la Raison et par ce fait la coupe de l'Esprit.

En effet, ce dernier peut avoir une perception totalement différente de la définition imposée, mais est dans l'impossibilité de la communiquer à la Raison de par son conditionnement, d'où la rupture subjective entre le conscient et l'inconscient.

En outre, cette définition de toute chose est établie en fonction de critères dualistes : grand, petit, noir, blanc, doux, rugueux, bien, mal, etc.

Il y a donc construction d'une Raison qui fonctionne sur le plan binaire, tel un ordinateur, et qui de nouveau borne l'Esprit ou du moins la perception consciente. Conséquence évidente, l'homme contemporain, fier ou satisfait de son acquis intellectuel, limite l'esprit de l'«*anthropopithèque*[2]» que nous sommes, au domaine de la Raison et l'Univers à la définition.

À ce propos, pour être plus explicite, revenons sur les écoles initiatiques qui s'efforcent de faire sortir leurs adeptes de l'ornière de la définition par l'utilisation du symbole.

Le symbole qui permet, à celui qui travaille sur ses multiples significations de comprendre que l'interprétation de son sens peut

---

1. Objet : tout ce qui, animé ou inanimé, affecte les sens.

2. Le terme «anthropopithèque», singe ayant des propriétés ou des caractères de l'homme, est volontaire, le terme (Homo)Sapiens soit : intelligent, sage, raisonnable, prudent, semble peu approprié à l'homme commun.

être infinie, pour ne pas dire indéfinie – *sachant que le lien dit naturel entre le signifiant et le signifié peut varier selon la qualité de l'interprète.*

C'est pourquoi, comme dans toute approche spirituelle, christianisme, bouddhisme, taoïsme, islam, ou autre, il vaudrait mieux dire l'Indéfinissable, l'Inexprimable, des mots qui laissent ouverte une définition qui ne peut en être une.

Ce que l'on retrouve dans Th 13 :

> *« Thomas lui dit – Maître, ma bouche est tout à fait incapable de dire à qui tu es semblable – »*

Tout comme dans l'affirmation du Prieur de Cats :

> *« Vouloir définir Dieu, c'est s'éloigner de lui ».*

Quant au Taoïsme :

> *« Le Tao qui peut être exprimé, N'est pas le Tao de toujours » (I)*
>
> *« Le Tao est toujours sans nom » (XXXII)*
>
> *« Le Tao caché n'a pas de nom » (LVI)*

L'Islam quant à lui :

> *« Dieu est sans forme ni attributs, inconnaissable et ineffable... »*

Ce travail sur le symbole peut être considéré comme l'introduction au « réveil sensible » de l'individu. Il le fait, comme nous le précisions ci-avant, sortir de l'ornière de la définition de l'objet, soit de toute chose – *et non uniquement du symbole* – du moins théoriquement.

Cet « objet » peut donc, en fonction du sujet, être multiple. Et c'est sur ce point qu'il faut insister « en fonction du sujet ». Car si le sujet prend conscience que l'objet peut varier selon son interprétation, celle-ci peut varier tout autant selon le sujet.

Évidence, bien sûr, mais qui devrait induire une nouvelle question pour éviter de rester dans une vision unidirectionnelle :

— « Comment le sujet peut se transcender pour rejoindre l'infini de l'objet ? » Ce que l'on pourrait traduire par :

— « Comment le sujet peut prendre conscience de sa multiplicité pour connaître celle de l'objet ? »

Ou :

— « Comment le sujet peut rejoindre l'objet ? »

— ce qui sous-entend : « Comment le sujet peut rejoindre l'Unité ? »

Soit :

— « Comment prendre conscience de l'Unité ? »

Et cela :

— Selon le niveau du champ de conscience du sujet.

Citons Merleau-Ponty : « Le miracle de la conscience est de faire apparaître par l'attention des phénomènes qui rétablissent l'unité de l'objet dans une dimension nouvelle au moment où ils la brisent. »[1]

Et si, sur ce plan, on ne compte que sur l'approche spéculative, on se leurre. Car comme nous l'avons précisé précédemment, ce type d'approche est limité à l'analyse, à la définition, à la logique, à la Raison.

Or l'Unité, l'indivis, le Divin si vous préférez, ne peut être approché que par l'« Autre », le perceptif non limité, en un mot par l'Esprit, car sans compréhensibilité, sans lisibilité.

On peut d'ailleurs se demander si la philosophie occidentale n'a pas pris un chemin erroné lorsque saint Thomas d'Aquin - *après le monde islamique* - se servit de l'œuvre aristotélicienne pour établir le fondement de la pensée chrétienne et scolastique.

Avec comme axiome, une notion du sujet, variable ou non, mais comprise comme entité consciente séparée de l'objet[2], quel qu'il soit.

On peut en déduire que c'est là, une dimension intellectuelle de l'homme centrée sur son Ego.

Ce qui n'est pas sans rappeler le monde clos, fini et hiérarchisé du même Aristote, qui plaçait la terre au centre, fixe et immobile, du monde sublunaire - le certain - et du monde supra lunaire - l'incer-

---

1. *Phénoménologie de la perception,* 1945, p. 39.

2. Objet : tout ce qui, animé ou inanimé, affecte les sens.

tain -, donc de l'Univers - repris par la formation scolastique avec l'homme considéré comme le centre de l'Univers.

Ego, quand tu nous tiens !

À l'opposé, le principe de l'union possible entre le sujet et l'objet aurait permis de rejoindre la notion de globalité, voire d'Unicité, par l'abstraction de l'Ego ; donc une dimension spirituelle.

Si la formation scolastique occidentale avait retenu cette dernière définition, la notion de Dieu aurait été tout autre dans le monde chrétien, mais peut être inabordable pour l'homme commun. Preuve en est, s'il en faut, l'adoration populaire pour les Saintetés, les Saints, les lieux, les reliques, les commémorations, etc.

Comportement que l'on retrouve en Extrême-Orient à l'égard de Bouddha considéré comme entité divine, en totale opposition avec le message d'origine - attitude reproduite par certains Occidentaux amateurs de traditions extrême-orientales pour les divinités, les lieux saints, les reliques, les Saintetés, les Gurus, les Tulkus, etc.

Rappelons en exemple certains fruits de la Raison.

Commençons par la philosophie moderne qui est définie comme « science de la sagesse ». L'apprentissage de la philosophie se fait en étudiant les textes des philosophes précédents et en développant l'interprétation des dits textes – *nous retrouvons là, la formation religieuse de « type scolastique » basée sur l'étude exégétique des textes retenus par les autorités ; ce qui est vrai pour les chrétiens, les musulmans ou les bouddhistes.*

Notons que la sagesse de la Grèce antique avait comme base la scrutation de la nature - et donc le lien entre celle-ci et l'homme - et la contemplation ; en conséquence basée sur la relation entre la Raison et l'Esprit.

Un exemple, le Logos qui est le plus souvent traduit par « le Verbe », ou par « la parole », cependant il existe une autre signification qui est souvent oubliée - car trop abstraite pour le spéculatif - ; elle correspond à la partie affective de la raison, soit « la raison du cœur qui relie toute chose ».

La philosophie contemporaine a son utilité pour l'individu comme pour la société - *tout comme la religion statique.* Elle instaure, entre autres, des définitions de pensées qui ont comme objectif de permettre à une société de vivre en bonne harmonie.

Elle met en place une définition de la Sagesse sociale. Elle est réflexion sur le monde.

Autre exemple, la psychologie qui est la science des comportements et processus mentaux. La formation laisse entendre qu'elle permet de comprendre l'esprit[1] de l'homme et cela par la définition de son processus mental, « oubliant » de ce fait son interdépendance avec le non défini, l'Unité.

On ne peut parler de psychologie sans aborder la psychanalyse qui est la méthode d'analyse des processus mentaux profonds de l'homme, à savoir le psychisme.

Il y a très souvent amalgame entre le psychisme et le spirituel.

On peut considérer que le travail sur la Raison développe le psychisme de l'individu alors que le travail sur l'Esprit réduit ledit psychisme pour faire place au spirituel. La tradition quant à elle place le psychisme sur un plan intermédiaire entre la Raison et l'Esprit.

Paul opposait l'homme spirituel - pneumatikos -, à l'homme psychique - psuchikos - qui ne possède pas d'Esprit : « L'homme qui n'a pas l'Esprit de Dieu ne peut pas recevoir les vérités qui viennent de cet Esprit : elles sont une folie pour lui, il est incapable de comprendre, car on ne peut juger que par l'Esprit... » 1er *Corinthiens Les gnostiques chrétiens ont repris cette distinction entre « hyliques » - matière -, « psychiques » - mental - et « pneumatiques » - Esprit.*

Ce qui rappelle les paroles de Lao tseu - Tao te King XLI :

« Lorsqu'un Esprit inférieur entend le Tao, Il en rit aux éclats. S'il n'en riait pas, Le Tao ne serait pas le Tao »

Ceci pour ne citer que deux exemples qui peuvent se voir confondus avec le travail de l'Esprit.

---

1. « esprit » – avec « e » minuscule dans le texte : utilisé communément pour englober les principes de la vie psychique, les facultés intellectuelles et affectives, quelquefois manière d'être.

L'Esprit, quant à lui, est à la fois la partie la plus intime et la plus commune de l'individu.

Intime parce qu'il est au plus profond de chaque homme, et commun parce qu'il permet à l'homme de se relier avec toute chose, Êtres, Divin, Tao. Paradoxe qui ne peut être compris que par l'expérience.

Si l'on applique la théorie des trois cerveaux de Mc Lean, pour imager «notre relation consciente avec celui-ci» on pourrait le situer au niveau du cerveau paléomammalien ou au niveau du cerveau reptilien de l'homme – *reste le néomammalien : la Raison.*

Pourquoi situons-nous l'Esprit à ce niveau ?

C'est parce que de la même façon que le cerveau néo-mammalien ne peut commander les deux autres, notre volonté consciente n'a aucune prise sur l'Esprit.

> *Nous vous laissons le soin de vous reporter aux ouvrages spécialisés qui traitent scientifiquement de la « théorie du cerveau tri unique » du docteur Mc Lean, ce qui n'est pas notre propos. Cependant, citons l'observation suivante qui est pour le moins intéressante :*
>
> > — *« Ce sentiment de réalité renforcé est illustré par un de mes patients qui présentait un foyer épileptogène... Quand il décrit son aura, il dit « chaque fois que cela se produit, mes pensées deviennent très claires et lumineuses Tel est le monde extérieur... Telle est la réalité absolue. ». Il est évident qu'un système primitif de notre cerveau, héritage des mammifères inférieurs, est capable de produire la sensation de ce qui est vrai, réel et important, en dehors même de toute influence extérieure. »*[1]

Vous avez beau vouloir avoir la Foi, rejoindre le Divin, vous fondre dans le Tao, être Éveillé ou seulement vous améliorer spirituellement, vous pouvez prendre volontairement le vernis superficiel de l'apparence, mais obtenir l'état sera impossible.

La confusion est souvent sur ce point.

---

1. Paul D. Mac Lean, Roland Guyot, *Les trois cerveaux de l'homme*. Robert Laffont.

En effet, les spécialistes des sciences ci-avant décrites, ont la plupart du temps la culture, la dialectique utile au développement théorique des doctrines religieuses - *ou philosophiques* - des principaux courants existants, et en toute logique cartésienne se font les porte-paroles médiatiques de ceux-ci.

Ils le font, bien sûr en utilisant la compétence de leur Raison établie sur la Définition. La conséquence évidente est que le profane, retrouvant là les repères de sa formation, comprend et assimile les discours et textes diffusés, et ne peut qu'accepter de ce fait le message transmis.

Ce qui ne serait guère préoccupant si lesdits spécialistes avaient la volonté - *ou la prise de conscience* - d'avouer leur incapacité à pouvoir transmettre les outils qui permettraient l'accomplissement spirituel des profanes demandeurs.

Malheureusement ce n'est pas le cas, et en toute logique cet enseignement est transmis d'une manière spéculative, et donc «fruit du travail de la Raison», mais est, paradoxalement, décrit comme acquis spirituel. La confusion est donc entretenue entre :

— la connaissance de l'histoire, des rituels ou des textes des différents courants étudiés, avec comme méthode la logique et la rhétorique, le tout sur fond d'images stéréotypées,

— et le travail «juste», grâce à l'utilisation des outils de ces courants, et au moyen des qualités requises par la Tradition.

Il est à retenir qu'une très grande partie des écrits d'aujourd'hui sur les traditions d'Extrême-Orient est rédigée par des Sachants. Sachants que l'on retrouve aussi très souvent comme chefs de file des spiritualités à la mode, comme le Bouddhisme, le Taoïsme, l'hindouisme, mais rarement comme pratiquants assidus des outils traditionnels – *par assidu nous entendons plusieurs dizaines d'années de pratique à raison de plusieurs heures par jour.*

Le catholicisme a eu la sagesse de scinder ces deux types d'approches en créant la théologie, évitant par ce fait cette confusion – *ou presque, car la structure hiérarchique mise en place peut entretenir la confusion chez le profane.*

Tout le monde ou presque connaît la différence entre la théologie et la Foi, mais peu de personnes savent discerner une approche philosophique d'une quête spirituelle.

En conclusion de ce chapitre.

Il est donc essentiel pour tout Cherchant de prendre conscience de cette distinction entre la Raison et l'Esprit avant d'entreprendre toute démarche ésotérique, et cela pour pouvoir différencier le superficiel de l'essentiel tout au long de sa quête.

«Essentiel» confirmé lors de l'initiation au travail «juste» des outils d'une tradition authentique. Traditions authentiques qui font toutes travailler avec les mêmes principes – *et cela même si les outils paraissent différents.*

À savoir :

— animer le «souffle divis» – *traduit aussi par présence de Dieu* – pour couper l'esprit spéculatif - *la Raison* -, de manière à ce que l'«Être essentiel» ressurgisse progressivement - *ou instantanément pour l'exception.*

C'est ce «Maître intérieur» qui vous permettra de vous relier naturellement avec le Tout, avec le Tao, avec le Divin – *le souffle indivis.* Union - *puis fusion* - qui n'est pas réalisable par la seule action du *cerveau volontaire,* celui de la Raison pure.

L'accomplissement du Cherchant est donc lié à l'utilisation juste et correcte de ces outils.

C'est ce qui permettra au «souffle, Esprit/Âme» de devenir «perceptible» en conscience, et ainsi progressivement de franchir les étapes les plus importantes. Chaque étape à franchir demandera une évolution des principes à utiliser, cela étant lié «aux ouvertures du champ de conscience» du Cherchant. Mais le chemin sera certainement long, très long, sinon sans fin.

Le «souffle» dont il est question est celui qui faisait partie du vocabulaire liturgique jusqu'au IVe siècle. Vocabulaire qui discernait «l'Âme souffle» de «l'Âme Esprit». Séparation provisoire qui doit conduire à l'Unité.

La confusion entre l'Âme et l'Esprit est grande.

L'Âme est une personne, un animal jouissant de la vie – si l'on prend en référence la Bible : « Nèphèsh » en hébreu, « Psukhê » en grec, signifiant pour les deux : vie en temps que créature.

L'Âme, bien évidemment, n'est pas le corps – « Bâssar » en hébreu, « Soma » en grec : chair.

L'Esprit désigne, soit la force vitale de l'Âme, le principe de vie universelle – « rouah » ou « neshâmâ » en hébreu, « pneuma » en grec – soit le principe de vie spirituelle qui permet à l'homme d'entrer en contact avec Dieu, avec le Divin.

Avant le IVe siècle, on séparait l'Âme anima – principe d'aspiration et d'expiration du souffle, souvent mal traduit par air, preuve en est : « Dieu souffla dans les narines de l'homme, le souffle de vie » – de l'Âme animus – principe et siège des désirs et des passions – qui fut remplacée par la suite par Spiritus.

La confusion actuelle est sans doute la conséquence soit d'une volonté, soit d'une non-connaissance du souffle universel – qui peut conduire à l'esprit divin.

Cette notion est présente dans l'ensemble des traditions, qu'elle soit juive, grecque, latine, celte, indienne, chinoise ou arabe.

Il est le produit des outils traditionnels du monde entier qui sont – *sans être exhaustif :*

— Occident : la méditation, la contemplation, la prière, les litanies, les chants liturgiques.

— Orient : la méditation, la prière, les versets coraniques, le Dhikr, le Qawwali.

— Extrême-Orient : la méditation, la prière, les mantras, les Dbyangs, le shisheng.

Sachant que le travail fondamental de ces outils est, comme nous le précisions, identique – *quand on connaît une tradition, l'essence des autres et la qualité des pratiquants sont « reconnus ».*

Ce qui tendrait à prouver l'universalisme des principes à appliquer, et que l'Esprit de tout homme est endormi, qu'il soit d'Extrême-Orient ou d'Occident, blanc, jaune, noir ou rouge, pauvre ou riche, instruit, cultivé, ou non, femme ou homme.

Justice divine qui semble privilégier le jeune enfant...

CONCLUSION

Le chemin emprunté en commun s'achève. Comme vous avez pu le vérifier tout au long des chapitres précédents, contrairement à ce qui est le plus souvent décrit, une quête spirituelle n'est pas un travail en relief qui aurait comme objectif d'ajouter, couche après couche, de nouvelles données, de nouvelles informations, tout en respectant scrupuleusement des vérités indiscutables. En effet, bien au contraire, le dépouillement doit être la référence, car seul celui-ci offre la possibilité d'avoir accès à son « Être essentiel », à cet « Autre » qui paraît inaccessible à l'homme commun. Dépouillement multiforme qui concerne les différentes pelures de notre conditionnement, de notre egocentrage, sans oublier celles de notre nature animale, ouvrant ainsi notre Esprit à toute possibilité vers l'indéfini.

L'allégorie hindouiste de l'oignon qui précise que pour avoir accès à son « cœur de diamant », il faut savoir lui retirer les pelures qui le recouvrent est une image très révélatrice de la quête spirituelle « juste ».

Jésus évoque ce principe essentiel avec d'autres mots :

« ...C'est au contraire, la vraie circoncision, celle en Esprit, qui est devenue vraiment utile » Th. 53

Il ne s'agit pas, non plus, de plier tout son Être à une doctrine déterminée ni de naviguer sans cesse entre les différents « formats » offerts selon qu'ils soient plus valorisants ou plus attrayants. N'oublions pas que « les Guides initiaux » des courants spirituels les plus importants d'aujourd'hui, se sont opposés aux structures religieuses en place à leur époque, les trouvant trop sclérosés pour permettre toute éclosion spirituelle – *ce qui ne veut pas dire bien évidemment* que ces courants ne présentaient aucun intérêt, mais que la formalisation des messages transmis leur faisait perdre toute essence.

On peut citer, Jésus qui se dressa contre les milieux sacerdotaux conservateurs de son pays, et Bouddha qui remit en question les fondements de l'hindouisme.

Il est évident qu'on ne saurait se comparer à ces «archétypes divins», cependant l'élan qui les guidait peut servir d'exemple. Il paraît alors salutaire de se révolter contre les marchands du temple, contre les institutions figées et sclérosantes, contre le conditionnement ambiant, contre les philosophes de salon, les intellectuels de boudoir et les porteurs de religions dénaturées.

Pour cela il semble pour le moins utile :

— de ne jouer aucun rôle sur le chemin de notre quête ; évitons de revêtir la tenue de Saint, de Bienheureux, d'Éveillé, ou d'Élu,

— de ne pas limiter sa quête aux frontières prédéfinies par les dogmes des différents courants ou par leurs structures dirigeantes,

— de ne pas céder à la tentation de devenir un clone de «la perfection», pour ne pas se voir transformer en un ersatz de sage aseptisé, sans goût ni saveur,

— de se laisser porter par son intuitif qui sera le garant de son expérience, après avoir, bien sûr, laver les souillures qui peuvent le ternir,

— d'ouvrir son Cœur - *Cœur / Esprit* - et d'être à l'écoute de celui-ci,

— de ne pas hésiter à être fort, à être faible, à aimer, à rejeter, à donner, à recevoir, à souffrir, à être heureux, en un mot à communiquer avec les autres, avec l'«Autre», avec le Tout, avec le Tao, avec le Divin.

Nous nous préservons par l'application de ces principes, de voir, de ressentir à travers notre masque, nos masques. Cet «état d'être» pourra paraître sans doute déconcertant pour certains, mais cela sera sans surprise, car laisser libre cours aux vagues de son intériorité est pour le moins rare dans toute société – *bien évidemment, dans certaines circonstances, professionnelles, sociétales ou familiales, l'extériorisation consécutive au ressenti doit être dissimulée sous un aspect conventionnel ; mais il est nécessaire de veiller à ne pas juguler le ressenti intérieur.*

C'est cette face-là que l'on a appris à cacher, à enfouir au plus profond de nous, pour correspondre à la définition du «bien pensant», du socialement correct. Celle que les enfants ont, en s'opposant la veille à celui qu'ils embrassent le lendemain, sans haine, sans ressentiment, avec amour.

Amour de l'«Autre», du Tout, du Tao, du Divin, qui les anime, qui les porte, qui enflamme leur vitalité tout naturellement.

Et nous, l'homme adulte, jugeons cela comme inexpérience, naïveté, immaturité, alors qu'il s'agit de l'Être essentiel commun.

Tout comme eux : «Je souffre, j'aime, je rejette et en toute simplicité je le témoigne», retirant ainsi le masque qui me réprimait.

Il ne s'agit pas là d'un «jeu de scène», mais bien d'un ego - *partiellement* - disparu.

Ce que nous retrouvons dans :

> *« Lorsque pareil à des petits enfants, vous vous déshabillerez sans avoir honte et que vous prendrez vos vêtements et les piétinerez, c'est alors que vous verrez le fils du Vivant et vous n'aurez pas peur ». Th 37*

C'est cette même démarche qui nous a conduit à exposer ce qui nous paraissait erroné.

Dans notre développement, nous avons volontairement pris le contre-pied du «spirituellement correct», policé et attendu. Cet aspect normalisé, vous le connaissez, vous pouvez le lire, l'entendre, continuellement.

Il vous faut maintenant faire la part des choses et choisir le chemin à emprunter. Mais si vous le souhaitez, un conseil : «*Oubliez le regard des autres qui, dans ce domaine, ne peut que vous ralentir, sinon vous freiner définitivement* ».

La plus grande difficulté sera maintenant de rejeter le confort de penser et d'agir comme il est de bon ton, non seulement comme le tout un chacun, mais aussi comme ceux qui pensent être élus, différents car supérieurs. On pourra vous juger à ce moment-là, négatif, désabusé ou même singulier, mais cela devra vous paraître sans vraiment d'importance. Ce qui sera le cas en fait.

Ne vous trompez pas, nous ne rejetons pas les religions et les écoles initiatiques établies.

La tradition chrétienne ne peut qu'être respectable, les monastères renferment des êtres exceptionnels, tout comme dans le bouddhisme, du petit et du grand véhicule. Les différents courants initiatiques ont des qualités indéniables et abritent en leur sein des membres qui ont su échapper à tous les pièges, et ainsi développer l'essentiel de leur tradition.

Dans chaque microcosme, on trouvera le pire, mais aussi le meilleur.

Il est vrai que l'essence de ces Voies est eau pure, sans souillure, mais retrouver celle-ci est d'une difficulté extrême, surtout pour l'homme qui est dans la société.

Au début, la « forme » est présente. Elle est liée aux différentes religions, courants, institutions, groupuscules. Elle peut être aspect, doctrine, outils, rites et volontairement les démarque.

Cette « forme » est la référence des profanes, mais aussi des apprentis – *même « aguerris »* – qui se croient initiés par leur seule appartenance à une organisation, à une secte – *que penser de l'accomplissement des intégristes ?*

Nous avons pu observer les différences que croyaient voir certains Sachants entre la prière, le mantra et la méditation. Différences qui provenaient d'une analyse discursive de la « forme », du superficiel, en y ajoutant il est vrai, les fruits de leur culture : différences historiques, contrastes philosophiques, dissemblances des religions et des civilisations.

Mais plus on pratique, plus on avance sur la Voie, plus on s'aperçoit que les «formes» sont emballages et que toutes sont issues d'une seule Tradition, celle présente à l'origine de l'être humain lorsque celui-ci était encore relié au Divin, au Tao, à l'Univers – *ce que nous avons appelé la Tradition primordiale.*

Les «formes» diffèrent, mais l'essentiel demeure et on peut l'exprimer ainsi :

— qu'une «soif intérieure» pousse le sujet à être en quête.

— que la Raison fasse taire la Raison pour éveiller «l'Autre» qui est en soi.

— que la présence de l'Âme-souffle-Esprit soit en conscience.

— que l'immanence conduise à la transcendance.

— que le «souffle divis», conscience / perception, fasse sa jonction avec le «souffle indivis», avec le Divin, avec le Tao, avec le Tout, pour un instant éternel.

Bien sûr, vous devrez pour cela rechercher, questionner, explorer, observer, consulter, approfondir, pour enfin trouver la Voie qui vous permettra d'avoir accès au savoir-faire caché des Outils de «La Tradition». Puis, il vous faudra ensuite travailler sans relâche avec ceux-ci en utilisant votre intention du cœur, oubliant ainsi toute volonté égocentrée, tout souhait d'obtenir, de paraître, de pouvoir. Et de fait, un jour, un instant, vous vous laisserez guider par l'«Autre» qui est en vous, partie de l'ineffable, qui vous permettra enfin de vous noyer dans cet Absolu que vous pressentez.

Ce sera notre souhait...

Bibliographie

Bibliographie

— Le Tanakh La Bible Le Coran.

— Bart Ehrman, *Les christianismes disparus*, Bayard.

— C. G. Jung, *Dialectique du moi et de l'inconscient*, Folio Essais, 2009.

— C. G. Jung, *L'homme et ses symboles*, Robert Laffont, 1964.

— C. G. Jung, *Aïon, études sur la phénoménologie du soi*, Albin Michel, 1983.

— C. G. Jung, R. Cahen. Psychologie de l'inconscient, LGF. 1996.

— Paul D. Mac Lean, Roland Guyot, *Les trois cerveaux de l'homme*, Robert Laffont.

— Eric Edelman, *Jésus parlait araméen.*

— Rûmî, *Le livre du dedans*, Albin Michel.

— Hui Neng, *Le soutra de l'estrade du don de la Loi*, La Table Ronde, 2001.

— Dalaï-Lama et Chan Sheng Yen, *Au cœur de l'éveil*, Lattés.

— Jean Tauler, *Sermons*, Cerf, 22 août 2013.

— Pierre Riffard, *Ésotérismes d'ailleurs*, Robert Laffont, 1997.

— Henri Bergson, *Les deux sources de la morale et de la religion*, PUF, 2008, Lazi traduction (zen-azi), Shin Jin Mei.

— Rûmî, *Le livre du dedans*, Albin Michel, 1997.

— Henri Borel, *L'esprit de la Chine*, La main courante.

— Henri Borel, *Wu Wei*. Discovery Publisher.

— Masaru Emoto, *Les messages cachés de l'eau,* Guy Trédaniel, 2004.

— Muriel Baryosher-Chemouny, *La Quête de l'immortalité en Chine*, Édition Dervy.

— Daniel Giraud, *Seng T'san : Hsin Hsin Ming, traité de spiritualité C'han du VIe siècle*, Arfuyen.

— Demieville Paul, *T'chan-Zen : Racines et floraisons*, collection Hermés. Les deux Océans.

— Angélus Silésius, *Dieu est un éternel présent*, Dervy.

— Maître Eckhart, *Conseils Spirituels*, Petite Bibliothèque, Les éditions du Relié.

— Eric Baret, Yoga, Almora.

— Howard Earl Gardner, *Les intelligences multiples*, Retz. 2016.

— Konrad Lorenz, *Évolution et Modification du comportement : L'inné et l'acquis*, Payot. 1967.

— Konrad Lorenz, *Essais sur le comportement animal et humain*, Seuil, 1970.

— Konrad Lorenz, *Les Fondements de l'éthologie*, Flammarion, 1984.

— Wijrayaratna, *Sermons du Bouddha*, Éditions du Cerf.

— Michel Chiambretto, *Art et tradition du Travail interne*, Chariot d'or.

— Jos Slabbert, à partir de la traduction anglaise de Maître Shen Yen. Hsin Hsin Ming Hara Karlfried Graf Dürckheim trad. Claude Vic Le Courrier du Livre 1974.

— Charles Baudelaire, *Mon Cœur mis à nu*, G. Grès et Cie, 1920.

Bibliographie sur le Taoïsme

— Lao Tseu, *Tao Te King Le livre de la Voie et de la Vertu* traduit en français par Stanislas Julien (1797-1873) Imprimerie Royale, Paris, 1842.

— Catherine Despeux, Lao-tseu, *Le guide de l'insondable*, Entrelacs, 2010.

— *Le Lao-Tseu, suivi des Quatre canons de l'empereur jaune*, trad. Jen

Lévy, Albin Michel, 2009.

— *Tao Te King*, Albin Michel, 1984.

— Liou Kia-Hway et Benedykt Grynpas, *Philosophes taoïstes Bibliothèque de la Pléiade, Philosophes taoïstes*, Gallimard 1980.

— Lao Tseu, *Tao Tö King Le livre de la voie et de la vertu*, nouvelle traduction de Conradin Von Lauer, Jean de Bonnot, 1990.

— *Tao Te King*, trad. Claude Larre, Les Carnets, 2008.

— *Tao Te King*, trad. Stephen Mitchell.

Bibliographie sur Kabir

— Yves Moatty, *Kabir le fils de Ram et d'Allah*, Les Deux Océans, 2000.

— Charlotte Vaudeville, *Au cabaret de l'amour : Paroles de Kabîr*, Gallimard, 1986.

— Michel Guay, *Kabir : Une expérience mystique au-delà des religions*, Albin Michel, 2012.

— André Gide, Henriette Mirabaud-Thorens, traduction, *La Flûte de l'Infini / Poèmes Kabir, Suivi du recueil intégral des Poèmes*, Gallimard, 2012.

— *Cent-huit perles anthologie de poèmes de Kabir*, les deux océans, 1995.

Bibliographie sur Évangile de Thomas

— A. Guillaumont, H.C. Puech, *L'évangile selon Thomas*, Collège de France Paris, 1959.

— É. Gillabert, P. Bourgeois, *Évangile selon Thomas*, Y. Haas Collection Métanoia, 1979.

— Jean Yves Leloup, *L'évangile de Thomas*, Albin Michel 1986.

Discovery
Publisher

Les Éditions **Discovery** est un éditeur multimé-
dia dont la mission est d'inspirer et de soutenir la transformation personnelle, la croissance spirituelle et l'éveil.
Avec chaque titre, nous nous efforçons de préserver la
sagesse essentielle de l'auteur, de l'enseignant spirituel,
du penseur, guérisseur et de l'artiste visionnaire.

www.ingramcontent.com/pod-product-compliance
Lightning Source LLC
Chambersburg PA
CBHW011342090426
42741CB00017B/3434